人性博弈

突破認知的*30*個人性底層邏輯

李尚龍
著

前言
PREFACE

我想了很長時間，才決定花一些時間研究一個主題，並把我最近幾年關於這個主題的閱讀和研究的思考過程和結論分享給大家。

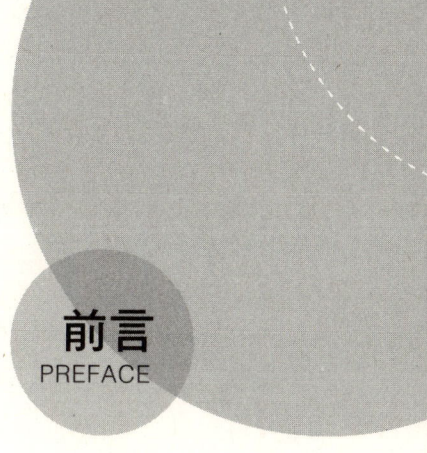

這個主題叫作「人性」。

我今年三十四歲，在我二十歲的時候，我堅信一件事：只要努力，就能有不錯的收穫。所以，我通過我的努力從體制內跳了出來，進入新東方，成為一名英語老師。三年之後，因為線上教育的興起，我和我的幾位合夥人紛紛從線下走到了線上，從影響一個班的幾百位學生，到影響一個班的幾萬名學生。我也在二十四歲那年，通過努力寫了我人生中的第一本書：《你只是看起來很努力》。這本書成了我的代表作，今天，它已經被翻譯成十多個國家的語言，總銷量超過三百萬冊。之後我在創作和創業的道路上勇往直前，一路高歌猛進。感謝我的努力，讓我在三十歲前突破層層阻礙，一路向前。

可誰也沒有想到，在一場突如其來的黑天鵝事件之後，我整個人的狀態都發生了變化。

2020年，我開始創業。先是創業失敗，我被迫從原來的公司離職，又開了一家新的公司。接著，我看著我的公司從幾十個人慢慢縮減到幾個人，最後幾乎所有的人都離開了我，只留下一位曾經在創業初期出過錢的小夥伴，以及兩起仲裁案和一起官司。

其中一位發起仲裁的人，還是我親手應徵進來的助理。我深夜無眠，突然明白：無論你曾經對他多好，給過他多少優待，只要你突然有一個月發不出薪水，他的臉上就帶上了惡意。換句話說，你請他吃一頓飯，他會感謝你；請他吃兩頓飯，他會給你個微笑；請他吃一百頓飯後，他會覺得這是你應該做的。等你突然沒請他吃飯了，他就會大怒：「你為什麼不請下去！我都習慣了！」

那幾個同事，我們也都沒有再聯繫過。是的，不做同事，連朋友也做不了了。我還記得我在創業初期過生日的時候，身邊七、八十人，好幾個房間都裝不下。當我宣布創業失敗時，我的三十三歲生日是自己一個人在海邊度過的，只有寥寥幾個朋友給我發來祝福短信。與此同時，我的創作也越來越糟糕，我開始寫不出東西了。

因為我的底層邏輯在三十歲後被震撼乃至顛覆了，過去根深蒂固的想法放到今天竟然都行不通。比如我這麼努力，每天廢寢忘食，見那麼多人，談那麼多合作，從來沒有睡過一次懶覺，還熱衷於鍛鍊身體、讀書。為什麼創個業，還是在這個鼓勵自由創業的時代裡，會摔得我痛不欲生？

我開始明白，我低估了人性。當你作為一個超級個體，你只需要讓自己變得更好、更善良；但當你開始創業，開始接觸團隊，你就必須知道這不是你一個人的事情。所以，你更需要瞭解人性。

在我三十歲那年，我完成了我的另外一本暢銷書，叫《三十歲，一切剛剛開始》。我想鼓勵自己，過去獲得的成就沒什麼值得誇耀的，我還需要繼續努力。但誰也沒有想到，在這個我以為要揚帆起航的三十歲裡，我的磨難和痛苦才剛剛開始——這倒也是另一種呼應——我經歷了朋友的背叛、合夥人的出走，也經歷了愛情裡的欺騙、親人的病重……這使我感到無比的孤獨，我常常一個人喝得酩酊大醉，坐在樓下痛哭，因為我深夜歸家時竟發現自己忘記了帶鑰匙。我輾轉反側，不知所措。我痛罵人性的險惡，甚至很長一段時間裡，我害怕見人。

我生命轉折的出現是因為我遇到了一位很厲害的投資人，他就是橙啦App的創始人張愛志。張愛志跟我喝了一頓酒。他說：「你把你剩餘的業務放到橙啦來做吧，你太不容易了，看著你又當爹又當媽太痛苦了。」於是我把我僅存的業務和人脈全部放進了橙啦App，把我還剩幾個人的團隊放到了這個幾百人的大團隊裡。我如釋重負，因為不用管人、不用管錢的生活太輕鬆了！我開始有了很多反思的時間。我也很感謝愛志對我的幫助。有一天，我問他為什麼要幫我，他笑了笑說：「我早期投了你幾百萬，可不能打水漂。」

唉，我還是對人性瞭解太淺。

2023年，我又完成了兩本書的創作，每一本的銷量都非常好，在各大排行榜排前幾名。這兩本書分別叫作《長大就是邊走邊選》和《遠離消耗你的人》。這兩本書都是我疫情期間生活的真實寫照。但讀者們不知道的是，我在寫這兩本書的時候，腦子裡一直有一個詞在晃著，它總是在夜深人靜的時候冒出來，到了早上又會消失不見，這個詞就是「人性」。

思量許久，我終於斗膽用三十堂課近十餘萬字的書稿跟各位分享，什麼才是人性。我想講透這個主題給你聽，如果你也剛進入社會，或者不得不和很多人打交道，那麼你必須瞭解人性，這樣才能少走彎路。這是我的血淚史，是我用無數的經歷和經驗總結出來的東西，也是我過去很長一段時間閱讀、思考、寫作的結晶，我將毫無保留地把它們分享給你。這也是我三十四歲之後對人生最大的感悟：人生不能只有努力，你還必須洞察人性，瞭解世間萬物的規律，才可能立於不敗之地。

如果說三十歲之前，你更需要的是努力，那麼三十歲之後你必須明白該如何選擇。比如我在創業初期，如果選擇合夥人的話，前提條件是每個人都要出資；那後面再遇到挫折時，拆夥的可能性將減少很多。再比如我在遇到挫折的時候，如果不發朋友圈訴苦，不自怨自艾，就不會有那麼多人落井下石。因為一個弱者往往沒有太多被憐憫的機會，這個世界對強者可能更加寬容，原因是他們本來就強。而對弱者，你的一次哭泣都能成為你失敗的證明，因為人性的底層邏輯對弱者往往是殘忍的。

再比如，你經常會糾結一個人說的話到底是真的還是假的。但當你明白了人性的本質，你一定會形成一個思維模型：要麼證實，要麼證偽，要麼存疑。而一個人長大後真正的變化，就是不再執著地去追求一件事情的真和假，而是可以包容真假之間的模糊度。這些都是我在三十歲之後的挫折與思考中領悟的道理。這是每個人都需要懂的道理，我希望你可以不用經歷我的挫折與磨難，就能領會生活的真理。為此，我查了很多實驗，同時結合我的真實經歷，把這門人性之課分成了六個章節，一一講述給你聽。

第一章我想讓你初步瞭解人性。瞭解人性，才能不走彎路。我會跟你分享五個著名的實驗，這五個實驗是我從幾百個實驗中篩選出來的，是關於人性本質的實驗。你看得越透，思考得越深刻，對人性背後的邏輯就會理解得越清晰。

第二章我要跟你分享人性中的善良與邪惡。當你開始瞭解人性，你就會知道，可能你的一句話或一個動作，就能勾起別人的惡意，也有可能你的一句話或幾句話就能喚醒他人心中的善念。

第三章我會運用人性，跟你分享處理好人際關係的底層邏輯。我們大多數人的痛苦都來自人際關係，來自父母、家人、孩子，以及朋友、同事等。他們看似是陪著你成長的人，實則可能是消耗你的人。可當你從人性的角度開始去思考這些相處背後的邏輯時，一切就會變得清晰。他為什麼跟你分手？他為什麼愛上別人？他為什麼會操弄你？他為什麼會在你面前顯得那麼沒有教養，而在別人面前又是另一個模樣？當你開始用人性來理解對方的行為，你會發現這個世界簡單了許多。

第四章我要跟你分享怎樣用人性實現爆炸式的認知成長。我會帶你一起去思考：我們該如何防止被洗腦？我們在創業過程中應該怎樣更好地與人合作，更好地讓別人幫助你？我們面對恐懼和痛苦時該怎麼辦？處理這些問題的底層邏輯，就是你實現認知爆炸式增長最重要的邏輯。可惜，我過了三十歲才悟出來。

第五章我要帶你看透人性的真相，因為只有這樣，你才能從容地生活。為什麼你會自卑？為什麼別人不尊重你？怎麼讓人不討厭你？如何讓別人愛上你？怎麼面對自己的習得性無助？只有解決這些問題，你才能真正輕鬆地生活。

第六章我要跟你分享如何利用人性成事。是的，我想我是一個正能量的作家，雖然我的人生的確遇到了許多毀滅性的挫折，但好在我總能找到解決問題的方法。就以這本書來說，我在書中跟你分享了很多你可能不願意面對的東西，但我並不是教你耍詐，而是希望你在瞭解人性之後，可以利用人性成事。當你意識到人一定是懶惰的，人性一定是貪婪的，這時你就一定不會逼迫自己延遲滿足，而是在延遲滿足的路上為自己設計一些及時滿足的樂趣。當你知道自己的學習效率非常低，你的孩子每天的學習效果也很糟糕時，你就應該讓自己和孩子的學習過程多一點正向回饋。有時候你會發現，只要把學到的內容講出來，學習的效率就能提高很多。

有人問，人性到底是善還是惡呢？我無法在這一本書中給你絕對的答案，因為中國人說「人之初，性本善」，而西方人說「人性本身帶有原罪」。對於我們來說，人性是可以在瞭解它、懂得它之後，讓我們有一天能夠掌控它、選擇它的，這才是我寫這本書最主要的目的。

只有瞭解了人性，才能更好地成事。我經常說，所謂正能量，並不是一味地宣揚這個世界的美好，而是當你見過世間醜惡後，依舊堅定地相信美好。

為了創作這本書，我準備了很長時間，夜以繼日，瘋狂地查資料、讀書、寫稿。可能你在學習的過程中會有一些觀念的顛覆，覺得難以接受，但請你閱讀時思考一下：生活中有沒有類似的案例？我是怎麼處理的？這本書告訴我應該怎樣去處理？我能夠從中獲得什麼？

希望大家能夠喜歡這本書，也希望這本書能夠幫助更多的人。

目錄

CONTENTS

第一章 理解人性，才能不走彎路

第二章 人性中的善良與邪惡

第三章 人際關係中的底層邏輯

第四章 利用好人性，實現爆發式認知成長

第五章 看透人性本質，過從容的生活

第六章 順著人性成事，逆著人性成長

第一章

理解人性，才能不走彎路

01

史丹佛監獄實驗：身分對人有多重要？

小時候我常聽老人說：**人生在世，處事的第一要義就是在每個場合中認清自己的位置**。所謂認清位置，就是弄明白在這件事情裡，你是主角還是配角？你是中心還是陪襯？這就是身分。清楚身分，就是清楚什麼樣的人該說什麼樣的話，什麼地位的人該做什麼樣的事。儒家講究「君君，臣臣，父父，子子」，西方文化中也講究上下階層。

身分這個東西很大程度上就是我們面對這個世界的「有色」眼鏡，雖然它在很多場合中很實用，甚至很必要，但也會讓我們鼠目寸光。

因為這種有色眼鏡會讓你看世界時帶著偏見，而這種偏見會讓你失去很多見證人性本質的機會。我時常去一些大學中做簽售，學校的老師可能很多都聽說過我，但從來沒有見過我。他們見我第一面時總是問這樣一句話：「你為什麼這麼年輕啊？」但其實，他們應該知道我已經三十好幾了，算不得年輕，但他們為什麼會說這樣一句話呢？那是因為我從來不穿西裝、不打領帶，也沒有把頭髮梳成「大人模樣」。但是他們不能理解一個作家、一個老師怎麼可以不穿西裝、不打領帶呢？但換個角度去想，這不正因為我的專業知識足夠紮實，沒有必要通過外在的東西來包裝自己嗎？

我第一次去一所高中做演講的時候，是新東方的高層安排我去的。我剛過去就聽到那邊的校長打電話給我們高層說：「你找一個看上去像老師的人來啊！」這個電話是當著我的面打出去的，好在因為出差距離太遠，也沒有哪位同事能快速飛過來替換我，最後還是由我上場。但當我講完後，校長呆住了，跟我說：「李老師，有機會您再來。」

人們經過大量實驗，發現一個更加令人毛骨悚然的事情：當一個人進入某個行業，或者穿上某種衣服，擁有了某種身分時，他會潛移默化地按照那種身分的要求去思考，去做那個職業需要他做的事情。比如：你穿著保全服，就想去維持治安；你手裡拿著錘子，看什麼都是釘子。

我記得小時候，我們班有一個學習成績特別差的同學，總是搗亂。他今天揪一下女生的頭髮，明天把腳放在課桌上。他上課從來不聽講，長期擾亂課堂紀律。老師請了好幾次家長，但他的家長要麼不到，要麼偶爾去了一次，孩子被教育後好個一兩天，之後又變成那個調皮搗蛋的傢伙了。

可是你猜這個孩子是什麼時候突然變好的呢？是當老師用了一個「大招」的時候：老師讓他做風紀股長，管理班級秩序。一開始他管秩序的時候，所有人都覺得可笑。隨著老師正式給他頒發了一個風紀股長的臂章，並當著全班同學的面宣布他是風紀股長，那一瞬間，他所有的行為都發生了變化。讓我印象特別深的是，有一次我上課偷偷說話，他很嚴肅地說了一句：「李尚龍，不要再說話了。」我當時心想，這前幾天話最多、每天違反課堂紀律的人不就是你嗎？那時，我模模糊糊有所感覺，這就是人性：身分對一個人行為的影響真大呀！

接下來我要跟你分享一個實驗，這個實驗發生在1971年的夏天。史丹佛大學有一位心理學家名叫菲利普．津巴多，他和他的同事們在大學地下室裡搭建了一個模擬的監獄，然後徵集了24位跟你我一樣，心智正常、身體健康的志願者參與一場實驗，承諾每人每天可以獲得15美元的報酬，但是有一個要求，就是必須堅持14天。

實驗正式開始。志願者被隨機分成兩個部分，有一半——也就是12個人——充當獄警，另外12個人充當囚犯。請注意，他們並不是真的獄警和囚犯，他們跟你我一樣，都是普通人，但實驗開始後，他們穿上了不一樣的衣服，換上了不一樣的身分。整個實驗過程充分模擬了現實中人們進入監獄的流程：「囚犯們」被警車押送到監獄，警車當然也是模擬的，他們進入監獄之後，被搜身，脫光衣服，清洗消毒，穿上囚服，雙腳還戴上了腳鐐。一開始大家的情緒都特別高昂，把這當成了一場有趣的遊戲。但隨著實驗的進行，志願者很快進入了員警和囚犯的身分。和真實的監獄類似，囚犯在這座「史丹佛監獄」裡不能自由活動，三個人住一個小隔間，只能在走廊裡放風。

接下來的操作開始升級，每一個人都被剝奪了姓名，只有一個編號。充當獄警的志願者沒有經過任何培訓，只是莫名其妙地穿上了一身警服，但自此他們的思考和行為方式卻開始發生變化。接著，他們被告知他們可以做任何維持監獄秩序和法律的事情，至於什麼是監獄秩序和法律，沒有人知道。

獄警三個人一組，每組看管八個小時，三組輪換。第一天白天，大家還有說有笑。到了晚上，獄警突然在半夜吹起床哨，讓囚犯起來排隊，這個行為沒有任何的實驗設計者參與。而這個獄警之所以要這麼做，就是要驗證自己的權威是否已經被樹立在充當囚犯的志願者心中了。可是，很多人顯然沒有適應這樣的環境，於是有些囚犯在睡夢中被迫起床集合時晚了。

這時，這些獄警開始懲罰囚犯，並且命令他們做伏地挺身，甚至為了增加懲罰力度，他們還騎在囚犯的身上，一些人還叫著好。

第二天一早，囚犯們開始抗議。他們反抗的方式也很有趣：把監獄的小隔段給打通了，用床堵著，不讓獄警進來。這時獄警好像也進入了角色，他們非常氣憤，甚至認為是上一輪值班的獄警對囚犯們太仁慈，導致他們的威嚴受到了挑戰。他們奮力撞門，用滅火器噴射囚犯。他們闖進了隔間，扒掉了囚犯的衣服，甚至把帶頭的人抓起來關禁閉，以恐嚇其他囚犯。接著，其中一個獄警很快意識到三個人無法很妥善地管理九個囚犯，於是他們找到反抗行為最輕微的三個人跟他們說：「我們可以讓你們吃好穿好，甚至會對你們更好。」接著把他們單獨安置進了一個隔間裡。半天之後，他們回到了監獄中。這一舉動，一下子把這些囚犯分化開來。

可是所有這些聽起來很有意思甚至很有戰略頭腦的做法，明顯已經忽略了一個現實：他們並不是真的獄警和囚犯，他們只是志願者。

就這樣，囚犯之間產生了矛盾。到了第三天，已經有一個囚犯精神崩潰，教授不得不釋放了他。

從此之後，這個監獄中的種種行為開始變得越來越瘋狂。

獄警經常不讓囚犯們休息，還讓他們去做一些卑賤的工作，並且想出各種方法來懲罰他們：有時候不讓他們睡覺，有時候不讓他們上廁所，甚至不讓他們清理廁所，讓整個廁所的臭氣充斥在囚室裡。

後來，一個編號為819的志願者罹患重病，但他們竟然想盡一切辦法不讓這個819號囚犯脫離實驗。他們甚至對教授說：「他不能走，因為他要證明自己不是一個壞囚犯。」教授說：「你們有點太過分了，他不是819，他是有名字的。」這時獄警志願者中才有人恍然大悟，讓他離開了模擬監獄。就這樣，這個實驗已經持續了五天。在這五天裡，獄警對囚犯的懲罰，每天都在變本加厲。實驗組織者甚至從錄影中發現，夜間，獄警往往會對囚犯更加殘暴，甚至用各種齷齪的方式來折磨囚犯。

這場實驗在進行到第六天時，終於被終止了。之所以被終止，是因為當時有另一位教授，在錄影中看到了其中一名囚犯腦袋上套著袋子，看不見東西。而另外所有囚犯的腳鐐被連在一起，在獄警們的喝斥聲中，在廁所裡跑來跑去。那位教授嚇壞了，忙說：「你們不能這樣虐待志願者。」在其強烈反對下，這場實驗停止了。

這時問題來了，為什麼連組織實驗的教授也陷入自己的角色無法自拔？因為他在看到這一幕幕如同真實發生在監獄中的場景之後，自己也變成了維持監獄秩序的法官。是的，他也進入了身分裡。**這場實驗被稱為「史丹佛監獄實驗」，也有人以實驗組織者為其命名，稱之為「津巴多實驗」。**

我在聽完這個實驗的介紹之後，在網上查到了這位知名的史丹佛大學教授津巴多的照片。這位大學教授溫文爾雅、西裝革履，看起來就像是一個文質彬彬的友善之人。那他是怎麼一步步允許這樣殘暴的統治狀態進行了整整六天的呢？答案只有一個，就是「身分」在莫名其妙地起作用。每個人一旦被身分束縛，那麼他就只能看到一樣東西，就是他的身分要求他看到的東西。

我特別喜歡一部叫《飛越杜鵑窩》的電影。小的時候我看它，特別痛恨其中的護士長，因為她視人命如草芥，從而導致了那個年幼的孩子割腕自殺。可是你仔細想一想，她到底代表的是她自己，還是她穿著的那身衣服，也就是她所謂的身分呢？

有這樣一句話：一個精神病患很容易被識別，一群精神病患不容易被發現。但如果一群精神病患裡有一個正常人，那麼這個正常人往往會被當成精神病患。

說回身分：不同身分的人講的話，哪怕是一樣的，但「分量」完全不一樣。我經常跟很多人講，你要努力，要奮鬥，有很多人能聽進去，因為努力奮鬥在我身上真真切切地起了作用。而我作為一個所謂的社會成功人士，所謂的名人，某些時候我的「分量」確實比一般人要重一些。但如果是你們班學習成績最差的同學，跟你說要努力學習，難道就不對嗎？這句話是沒有問題的，但好像從他的嘴巴裡說出來就產生了問題，這就是因為身分在起作用。同樣一句話，很多人去說，雖然正確，卻免不了人微言輕。我曾經聽過一次尼克・胡哲的演講，說實話我現在已經記不起他說了些什麼，只記得當時他說的每句話都讓我很感動。尼克・胡哲出生時只有一隻不完整的腳，沒有手，卻還能活得那麼樂觀，那時他講什麼都不重要了，他能夠勇敢地站在那裡，他講的任何話對於聽眾來說都是勵志的。

人的本性如此，我們往往會特別認真地傾聽那些位高權重或者有身分的人的話，而往往忽視身邊那些地位低、沒有特定身分的人的話。就比如我們去看醫生，醫生說你要少吃糖，要多運動，你會將其視為金玉良言，尤其是當你花了不少錢請了醫生跟你說這些話時。但是當你的孩子、你的父母、你的朋友跟你講少吃糖，多運動時，你可能就不會在意，因為他們沒有醫生這個身分，他們的勸告對你來說並沒有足夠的分量，哪怕他們也對你的現實情況提出了正確的建議，但因身分不對，也會使效用縮水。

這給我一個非常重要的啟發，那就是你**永遠不要給人免費的意見**。當你給別人免費的意見的時候，他會覺得你的這個意見並沒有價值，並不重要，甚至有可能因為違背對方的想法而被嫌棄。這是因為當你免費給別人提供意見時，你就被安在了「免費」這個身分裡無法自拔。

所以，一個人走進社會後，要學會擁有自己的身分，同時也要學會跳出身分看對方講的話是否屬實。

可是丟掉有色眼鏡談何容易？對此我有一個方法，希望對你有所幫助。每次我在聽一個人講話的時候，我都會思考，假設他並不是這個身分，我會認真聽他說話嗎？我曾經遇到過一位非常知名的演員，他演過很多重量級的角色，他每次講話的時候，全場鴉雀無聲，都在聽他說話，感覺他說的每句話都對。可我閉上眼睛思考了一個問題：他講的這些話對嗎？這時我才驚訝地發現，他講的話雖然涉及天文學、宇宙學知識，但這些知識多半是他從抖音上刷到或者只是他猜想的，雖然他德高望重，但是我能確定他說的有些話確實是錯的。同理，當你面對的是一個沒有什麼特殊地位的普通人，他講的話就一定沒有價值了嗎？其實不是，這時你也應該摘掉有色眼鏡，去想想看假設他並不是現在這樣的身分和地位，他講的話對嗎？是不是有參考價值？

每個人都有不同的身分，而很多人就是因為被禁錮在自己的身分和認知裡，最後忘記了這個世界還能有如此多美好的解釋和這麼多種可能。

史丹佛監獄實驗給了我很多啟發。除了身分之外，它還告訴我們，有時候環境也能左右一個人的行為。請思考一下，假設他們並不是處在一個模擬監獄裡，而是在一個普通兩房室內。這種霸凌行為還會存在嗎？

假設這其中有一個獄警突然意識到他們是在做實驗，牢籠裡的人不過是普通人，他們的霸凌行為是無意義且邪惡的，並在其他獄警實施霸凌的時候上去制止，這個實驗還能繼續下去嗎？

關於這個實驗，還有無數的想法和可能。後來津巴多根據實驗過程寫了一本書，叫作《路西法效應：好人是如何變成惡魔的》。其實這背後還有一個更深刻的邏輯，那就是從眾。

這也關係到下一節我要分享的另外一個實驗——阿希實驗，它專門研究：人在群體壓力下是如何從眾的？人什麼時候會失去自我？

思考題

在你的生活裡，你有沒有因為對方的身分地位過高而錯誤地相信他所說的話？用實際案例來說明。

02

阿希實驗：人什麼時候會從眾？

在分享第二個實驗之前，我先講一下主題詞：從眾。

這些年，網上越來越多人在說從眾的「壞話」了，但真實情況是，人必須要從眾，因為在原始時期，那些不從眾的人、落單的人、被驅逐出部落的人，要麼被野獸吃掉了，要麼在風餐露宿中失去了生命，他們的基因沒能留存下來。而繁衍至今的我們，基因裡本身就藏著「從眾」兩個字。從眾對我們太重要了。

重要的是，我們要搞清楚人什麼時候會從眾？什麼是盲目從眾？從眾一直都是好的嗎？

我們大概都曾聽過一句話：真理往往掌握在少數人的手裡。對此我想問你一個問題：金錢、權力、地位，是掌握在少數人的手裡，還是多數人的手裡呢？

當然是少數人。因為如果它們被掌握在多數人的手裡，那大家為什麼還追求它們呢？「躺下來」做一個多數人不就可以了嗎？所以，如果你想變得與眾不同，想要成為一個優秀的人，尤其是想要做出點成就，還是建議你少從眾，多聽從自己內心的想法，走少有人走的路，不合不該合的群。

可是從眾太容易了，而要做到「獨特」則很難，其原理就不得不提到「阿希實驗」。

在講阿希實驗之前，我想先分享一件我親身經歷的事情：我第一次跑馬拉松是一個品牌贊助我去的，在此之前我沒有進行過鍛鍊，於是我混在人群中，因為聽別人說跟在人群中可以跑得更遠。當聽到槍響的時候，所有人都慢慢地起跑。這個時候就有一些人開始起鬨——起鬨的確能夠幫助我們振奮起來。我聽到很多人大聲地呼喊「加油」「衝刺」「跑起來」，我也在人群中跟著他們呼喊，頓時感覺渾身充滿了力量。這時我想起一句話：「一個人可以走得很快，但一群人可以走得更遠。」那一刻，那種集體感湧上了我的心頭。這時，我突然聽到一個人喊了一句話，這句話雖然很莫名其妙，但周圍所有的人都跟著喊了起來。可是這句話有什麼意義呢？我並沒有喊而是開始思考。這時，我身旁的夥伴推了我一下，說：「你怎麼不喊呢？」我問他：「跑馬拉松跟喊這句話有什麼關係？我們跑我們的就好了。」他看了我說：「你真不合群。」我當時也樂了，一邊跑一邊樂。我那天跑得很慢，因為腦子裡面一直在思考這件事。為什麼這麼多人會毫無理由地集體呼喊一句莫名其妙的話呢？

直到我瞭解了「阿希實驗」。

阿希實驗是一個非常著名的實驗，於1951年進行，那個時候還沒有所謂「合群」的概念。這個實驗所研究的，是人在面對群體壓力時的從眾行為，也就是人在什麼時候會失去自我。實驗者名叫所羅門·阿希，實驗就是以他的名字來命名的。

實驗中，受試者被要求執行一個很簡單的任務，就是比較線段的長度。這是一個簡單到沒有任何知識基礎的人都能做出判斷的測試。受試者會看到一個目標線段，這個線段清晰可見，每個人都能看清它的長度；然後他們會看到三個比較線段，有短的，有跟目標線段一樣長的，有比較長的。受試者被要求大聲說出哪一根比較線段和目標線段的長度是相同的。

我們獨立做判斷時，答案顯而易見，是中間那根。但請記住，剛才的要求中有一部分非常重要，叫「大聲說出」。因為「大聲說出」就和我跑馬拉松時眾人喊的那句話一樣，是為了獲得認同感。

但即便如此，達到要求也不難，只不過實驗有一個陷阱，就是每一個小組中只有一個真正的受試者，其他人都是實驗者的同事。這些同事在受試者還沒有給出答案之前一致喊出錯誤答案，而真正的受試者被安排在最後或者倒數第二個回答。在這個實驗中，每組七個人，在六個人或者五個人的干擾之後，受試者還能保持獨立判斷嗎？實驗結果是：有20%～25%的人保持了獨立性，沒有發生從眾行為；從眾行為的次數佔實驗判斷次數的75%。

這個實驗中間還有很多細節，我們就不一一贅述了，但從結果來看，可以得出以下三個重要結論：

第一，只要受試者把他人的反應作為參考框架，觀察上就錯了，認知也一定會發生扭曲。換句話說，只要你開始不顧事實，而是通過別人的反應來獲得答案，你就容易進入從眾的狀態。

第二，受試者只要意識到自己和他人不同，只要認為多數人的看法總可能比自己的看法正確一些，他們的認知就會發生扭曲。我在後面的內容中會跟大家講到自卑這個話題，很多人一旦發現自己跟別人不一樣，第一反應就是自卑感被激發了出來。他們開始不顧事實，覺得只要跟大家一樣，至少不會錯吧，畢竟法不責眾。在這樣的情況下，他們就失去了正確的判斷能力。

第三，很多受試者明知道其他人錯了，還是跟著做出了錯誤的反應，發生了行為歪曲，這是為什麼呢？是因為他們認為多一事不如少一事，沒必要和大多數人為敵。這就是人性。當你看到所有人都選A的時候，你會情不自禁地選A，哪怕你知道A並不正確。

所以，成為大多數人並不難，只要你放棄對內的探索，開始把注意力放在外在和別人身上就可以了。

在這個實驗中，受試者的壓力來自兩方面，一方面是資訊壓力，另一方面是規範壓力。所謂資訊壓力，就是經驗讓人們覺得多數人的判斷正確機率比較高，在模稜兩可的情況下，最好相信多數人。所謂規範壓力，即群體中的個人往往不願意違背群體的標準，因為如果違背群體標準，可能被視為越軌者，這時我們的基因開始警覺，這種越軌者的描述會激發出我們基因裡的恐懼行為。

這讓我想到一部非常著名的電影，叫作《浪潮》。這部電影有一個真實的故事原型，發生在1967年國外的一所高中內。一名高中老師在講到納粹德國的內容時，為論證法西斯主義的「吸引力」，而發起了一場名叫「第三次浪潮」的運動。實驗結果加深了整個社會對法西斯主義的認識。

我相信很多人看過或聽過這部電影，也瞭解過故事背後的邏輯。今天我從另外一個角度分析一下，成為烏合之眾中的一員，需要哪幾個步驟。

電影一開始，德國小鎮中一位中學歷史老師發現，距反法西斯戰爭結束不過十年，學生們已經淡忘了那段慘痛的歷史。他講課的時候，學生們一臉不屑，心想反法西斯戰爭都過去那麼長時間了，還有什麼好講的。他們說：「現代社會高度文明，我們的就業率、生活水準、民主制度，都表示我們是新時代的文明國家，您在那兒老生常談，揭我們國家的傷疤有什麼用呢？」

於是老師決定做一個實驗，看一看多久可以產生一個新的納粹組織。

就這樣，這個實驗在自願互助的前提下，每個學生都自由發言，並且完全民主地選出了組織領袖，自主選擇了白襯衫作為組織的統一著裝。這個實驗從頭到尾都是自主的，沒有強迫，大家少數服從多數，公平選舉，共同決策。但最終結果就是，一個新的納粹組織誕生了。而你猜花了多長時間？答案是六天。

電影《浪潮》的點睛之筆是第六天。在領袖慷慨激昂的演講中，禮堂裡所有的學生彷彿都失去了理智，他們群情激憤，當老師讓學生們把反對者拎上來說要處死他時，學生們才突然意識到，怎麼可以處死人呢？此時，才有同學陸續反應過來，他們在短短的六天裡，已經變成了納粹。

而真實發生的事情比電影更加殘忍，因為「第三次浪潮」的實驗只進行了五天，就已經失控了。

所以我在寫這篇稿子的時候會疑惑：一個人到底經歷了什麼，會突然間變成從眾的一分子呢？於是，我把這部電影再次看了一遍，發現了幾個重要的節點。

當這些節點出現在你的身邊時，你人性中的從眾因子將會毫無意識地被激發，除非用心識別，否則無人倖免。

首先，一群孩子幹的第一件事就是選出一個領袖。這個領袖的特點，就是必須樹立起領袖的絕對威信：發言要舉手；不能叫領袖的名字，因為名字代表平等，要叫他先生，要給他取一個至高無上的代號。當你聽到他的代號時要肅然起敬，誰也不准有反對意見，有反對意見就直接趕走。電影裡所有不同意這項規定的同學，都被要求直接離開這個班級，而表現好的同學則給予獎勵，表現差的同學會受到懲罰。

當有了這樣一個至高無上的領袖後，第二件事是要求所有人站起來原地踏步，只要踏不齊就一直踏，一直踏。為什麼要這麼做？因為這種踏步的行為能夠讓人感受到團體的力量。勒龐[①]寫過一本書叫《烏合之眾》，書裡說人們一旦進入團體，步調一致，就會爆發出無限的力量。同時，因為在集體裡，很多人不用思考了，跟著大部隊走就行。團隊還能幫助個體。影片中有一個細節，一個穿著白襯衫的小男孩被一群人欺負，組織裡的同學立刻過來幫助他，說：「下次再看到這樣戴胸標、穿白襯衫的人，你們給我小心點，誰敢欺負，我們一起對付你。」那一刻，那個小男孩感到無限的溫暖。

說到白襯衫，他們還必須有統一的制服——白襯衫和牛仔褲，誰不穿誰就是叛徒。一個小女孩穿了一身紅色的衣服，她一來所有人都疏遠了她，連老師也無視她，上課時無論她怎麼舉手，老師都當看不見。因為她影響了大家的團結。個性在組織中不被允許出現，一個人一旦表現出個性，他就會被組織排斥、討厭，被認為破壞了組織的威嚴，繼而受到懲罰。自此沒有人敢不穿白襯衫了。

除此之外，他們還有自己的隊標、網站、口號，甚至是手勢，他們大肆宣傳自己的隊標，甚至爬到大廈上去宣傳自己的隊標。這背後有另外一個含義：他們要為團隊做貢獻。

有了這些還不夠，還有最重要的一項：他們有共同的敵人。雖然他們的共同敵人一直在變，但是他們一直得有共同的

① Gustave Le Bon, 1841-1931，法國社會心理學大師，以對群體心理學的研究聞名。

敵人。就比如他們在不停踏步的時候，聽說樓下正在上自由主義的課，這個思想與他們是相悖的，於是他們下去擾亂課堂，讓學生無法上課。再比如誰質疑、反對「浪潮」組織，誰就是他們的敵人，受到他們的敵對。

「製造共同敵人」這一招，是很多組織增強凝聚力的手段。一個組織一旦有了一個共同的敵人，就有了共同使勁的方向，這個團體就會變得特別團結。這就是組織的奧秘。

我把這個影片中的這幾個重要節點鋪開來，就是想告訴你，如果你在生活裡遇到了這樣的情況，請一定要小心，因為這些行為可能會讓你喪失獨立思考的能力。當然，如果集體的決策是對的，那麼你可以省心省力地成事；但如果集體的決定錯了，那你就倒楣了。

關於從眾我想到一本書：漢娜·阿倫特寫的《艾希曼在耶路撒冷》。艾希曼作為德國的首席戰犯，他說：「我只是執行命令，我為什麼有錯呢？」而漢娜·阿倫特說：「不，你錯了，因為你作為一個個體，你可以不執行這些命令，你可以選擇掉頭就走，你可以選擇反抗，你可以選擇移民，你甚至可以選擇自殺。你有很多選擇，但你選擇了執行命令，你這種惡叫『平庸之惡』。」

所謂平庸之惡，就是一個人失去了分辨一件事情對錯的能力，他丟掉了判斷是非的心態，而把自己放在環境裡，做好一個大機器上的螺絲釘，沒有思考，沒有方向，完全聽從別人的命令。這樣，你作為一個人的主觀性就被丟掉了。這種情況下，集體的惡和多數人的暴政就誕生了。

我經常跟我的學生講，千萬不要過分地去從眾。因為你以為你在合群，但其實你是在浪費生命。我曾經寫過一本書，叫《長大就是邊走邊選》，它的前身是《大學不迷茫》。我在這本書裡說，大學裡最重要的兩個能力：第一個是自學，第二個就是獨立思考。而獨立思考的本質就是要麼證實，要麼證偽，要麼存疑。存疑就是批判性思考和獨立思考的本質。這是我們作為人，以及獨立個體最重要的特點，也是對抗人性弱點的重中之重。

最後我要分享幾點我的思考：

第一，人需要尋找團體，這是人性使然。但是當你被迫分進一個團體的時候，你要思考一下自己是不是屬於他們。比如，當你進入一個宿舍、一個班級、一家公司時，裡面的人並不一定能成為你的朋友。他們各式各樣、千姿百態，但他們並不是你。你們都是人類，但並不一定是一類人。在這樣的情況下，你更應該思考你到底是誰，而不是考慮如何融入他們。請記住，人的本質都是孤獨的。人需要尋找屬於自己的團體，比如你熱愛跑步，就去參加跑友團，熱愛讀書，就去加入讀書會。但人並不是進入或者被迫分配進一個團體後就一定要適應它。好的群體，是要主動去尋找的。

第二，無論在什麼時候都不要喪失獨立思考的本質。無論對方的身分地位有多高，有多麼強大的光環，你都應該從事物的本質出發，思考一下：他說的是對的嗎？站在我自己的角度有沒有不同的意見？你不一定要說出來，但你一定要去思考，要明白對方可能是錯的。所有的創新都是從質疑權威開始的，所有新的東西也都是從問「為什麼」開始的。

第三，請一定要結合自己的經歷保持理性。何為結合自己的經歷呢？比如團體發起募捐，高層提議每個人捐1000元，你看到別人都捐了1000元，也咬牙捐了1000元，但十分心痛。

這種情況下請記住，結合你自己的經歷做決定。

我出身於一個什麼樣的家庭？我一個月的零用錢有多少？我真的要和其他人一樣嗎？不要在乎別人的眼光，你哪怕只捐10塊錢，或者寫個報告跟高層說你們家的家庭情況很困難，無法捐太多。你只要結合自己的經歷做出符合自己內心的決定，就是對的。不要太過在意別人的眼光和話語，保持理性，永遠從自己的內心出發。有人說這樣一來我不是成了一個自私的人嗎？我認為任何一個人，只要他先從自己出發，然後開始慢慢顧及別人，這樣的善意同樣值得鼓勵。

思考題

假設你也參與了阿希實驗，所有人都說答案是A，你明明知道答案是B，你會做出什麼樣的決定呢？又要說什麼話來化解這種「尷尬的場面」呢？

03

車禍記憶實驗：你看見的世界是真的嗎？

講這個實驗之前，我還是要先跟你分享一個故事。

幾年前，我參加了一次高中同學聚會，我們班幾乎所有同學都來了。大家聊得很開心，聊到那時候我們班裡有一個非常特殊的同學，他上課總是咳嗽，然後咳著咳著就衝出去了。後來他被安排在離後門最近的位置，因為好出去。我們下課的時候，總在廁所裡看到一灘血，都是他咳出來的。他有很嚴重的肺病，後來在高二那一年離開了我們。這位同學的離世，對我和很多同學而言都是第一次經歷死亡教育。

老師為他開了追悼會，追悼會的具體情形我已經不記得了。但我還記得當時看到他的照片，我的第一反應是這張照片上的人再也不會動了，我們再也聽不到他咳嗽的聲音了。追悼會有一個環節，我們幾個學生代表去向他的遺體做告別。我只記得他就躺在那兒，穿著一件灰色的上衣，其餘的則記不清楚了。很久以後，當我和那幾位同學在同學會上說起見他最後一面時他衣服顏色這個細節的時候，我們驚奇地發現，幾乎每個人腦子裡所記住的衣服顏色都不一樣。

當年我們去的有十位同學，這次同學會來了六位。這六位同學中的其餘幾個人，有的人記得是綠色，有的人記得是紅色，有的人竟然記得是白色，跟我相同的幾乎沒有。

這到底是為什麼呢？

這就牽涉到我今天要跟你分享的主題：我們的記憶是會欺騙我們的。下面，我來和你分享一個很著名的關於人性的實驗。

1974年，兩位心理學家進行了一次撞車實驗，看事件的結果是不是會影響目擊者的記憶。在這次實驗中，所有受試者都看了一個相同的視頻，接著，大家想像自己就是這場車禍的目擊者。

然後他們被分成了幾組。接下來就是「記憶篡改」的過程。實驗者隨後問受試者：撞車的時候車輛的行駛速度大概是多少？讓大家去預估，只是在不同的組裡，實驗者問受試者問題的方式不一樣，所用的動詞發生了變化。第一組問的是：這輛車「擦上」另一輛車的時候速度是多少？第二組問的是：這輛車「碰上」另一輛車的時候速度是多少？第三組問的是：這輛車「撞上」另一輛車的時候速度是多少？結果，用「撞上」來提問的這一組受試者回答出來的平均速度最高，「碰上」次之，而「擦上」組回答的平均速度是最低的。儘管大家看到的都是「撞上」，並且車都被撞壞了，但他們最終描述出來的速度完全不一樣。

這一方面說明了錨定的作用，即人們在對將來某件事做出預估時，習慣於把它和過去已有的預估經驗聯繫起來。另一方面也說明了，我們的判斷和記憶是多麼不可靠。

這讓我想到一個很著名的心理學效應——曼德拉效應。曼德拉曾經在獄中待了二十七年，1990年出獄。曼德拉獲得自由之後，於1994年5月正式當選為南非第一位黑人總統。2013年12月5日，曼德拉在約翰尼斯堡的住所中逝世，享年九十五歲。但奇怪的是，當曼德拉去世的新聞發佈之後，全世界各地的人發現他們對曼德拉的記憶都出現了偏差，從死亡時間到死亡原因都有了不同的記憶。很多互不相識的人回憶，說他們好像看過一部紀念曼德拉的電影，甚至很多人對電影的名字和內容的記憶都一樣，最令人詫異的是，網上竟然還有與他們的「錯誤」回憶相佐證的海報，還有很多人在網上聊到關於曼德拉的細節都無比相同，雖然他們來自不同的國家和地區。可實際上，這部所謂「很多人都看過」的電影從來沒有人拍過。

後來，無數的心理學家發現，曼德拉的故事已經蔓延到了很多人的腦海中，但每個人的記憶都不同，這種現象就被心理學界稱為「曼德拉效應」，它是指對事情持有錯誤印象的一種心理學效應。而這個效應，現在越來越普遍地出現在年輕人的世界裡，是對記憶「可靠性」的一種打擊。

我不知道你有沒有這樣的經歷：頭一天的很多事情，今天竟都記不清楚了，尤其是一些不重要的細節，在腦海中慢慢地被扭曲成了其他模樣。這也告訴我們，記憶其實並不可靠，我們的記憶很多情況下處於失真的狀態。這也是人性的弱點。

石黑一雄寫過一本書叫《被掩埋的記憶》，書的開頭寫了一場大霧，這大霧其實就象徵人們的記憶，有時是對真相的模糊和掩埋。

我們經常向一個人求證一件事，當那個人斬釘截鐵地說出一個錯誤答案後，我們就相信了；但當你知道，這個世界上有很多記憶是被扭曲的，這時你是否能常保持一絲懷疑態度呢？

我經常跟一些朋友在吃飯時聊到三年前甚至兩年前的事情。我們講的都是彼此在場的事，但每個人講的都不一樣，不僅細節不一樣，連動機都不一樣，甚至有時候連大方向都不一樣。到底發生了什麼？我們還是要從曼德拉效應說起。

對於曼德拉效應，有三種假說。第一種叫多元宇宙學說。

如果你看過《蜘蛛俠：平行宇宙》你就會知道，假設存在著與我們當下既相似又不同的平行宇宙，不同的平行宇宙中存在著無數個有著不同人生經歷的你，那麼當平行宇宙之間互相影響時，就產生了曼德拉效應。

第二種假設是未來人類有了足夠強大的科技，人們能夠像哆啦A夢一樣穿越回過去，修改歷史留下的漏洞。未來的人們穿越回過去與現在，修改了歷史，導致一些事情發生了變化。但是只有部分人的記憶被改變，很多人的記憶沒有改變，所以這種集體記憶錯亂只會發生在部分人的身上。

第三種假設就是神經元錯誤連結了。而且很巧合，很多人的神經元都發生了錯誤連結。

我更相信第三種假設，因為人的大腦就是有這樣的特點。比如當你喝酒喝多了的時候，你總能把幾件不相干的事情放在一起；當你睡覺做夢的時候，在你的潛意識中，毫無關係的幾件事互相組合，變成了一齣光怪陸離的新戲。

人們在追溯記憶的時候，也在偽造記憶。想想看你多次回憶的事件，比如你分手、失戀、失業的某一個下午，你會不停地強調這種悲傷的感覺，好像當時你遇到的所有事情都帶著「悲劇的氛圍」，但實際上你那一下午的經歷在外人看來，並沒有什麼特別的，一切都是如常的樣子。但在你的腦海裡，那一下午的各種細節被慢慢地修改，變成了一場悲劇。比如你跟你的朋友說，你之所以分手是因為你被抓到劈腿了。在你講述的過程中，你的朋友會告訴你，劈腿這件事還有什麼好說的，是你錯了！他會先批評你的錯誤，然後再安慰你。那麼當你第二次跟其他朋友講的時候，你可能乾脆掩蓋了你劈腿的事實，只說分手是因為你們的感情淡了。所以你看，每一次講述的過程中，人們都會表達出自己對這個故事的新的理解，從而對這個故事進行了編輯。在編輯的過程中，這個故事的內容會被不停地修改，以至於到最後，你的這位前女友或前男友可能已經活生生地被你變成了一個壞人，而你也對此深信不疑。記憶偏差就是這麼來的。

在一項實驗裡，實驗者讓一群受試者單獨看一系列照片，這些照片充分表明一個小偷將別人的錢包放到了他的上衣口袋中。隨後受試者聽到了一些錄音，這些錄音說小偷把錢包放進了他的褲袋裡。過了一會兒，實驗者讓受試者們開始回憶，大多數人都說，照片顯示小偷把錢包放進了他的褲袋。為什麼呢？因為很多人被錯誤資訊誤導了。這些錯誤的資訊成了他們理解的這個世界的一部分。

我們都知道《沉思者》那個雕像是人像的手放在下巴上，但是很多人在模仿他的時候，都不約而同地把手放到了額頭上。**我們理解世界，是依靠記憶的，但很多錯誤的資訊會導致我們產生錯誤的記憶。不僅如此，很多過於真實的想像也會被當作記憶**。比如，我經常做夢，有時我晚上做了一個特別逼真的夢，讓我總感覺我好像真實經歷過，曾在某時某地看到過一樣的情景。甚至有段時間我很確定一定發生過夢中的場景，於是我問了我的父母，我是不是經歷過這樣的事情，但我的父母也很確定我沒有經歷過。我還反覆向他們求證，說我總是夢到自己小時候去過那裡，但他們堅持說我真的沒有去過。這並不是玄學，而是我的記憶產生了扭曲。

對於這個情況還有一種可能是，**被強化後的訊息其可信度會更高**。就比如，因為我總是在做夢之後把它們記在紙上，所以訊息被強化，導致記憶扭曲。有研究表明，當我們剛獲得訊息的時候，如果訊息來源的可信度很低，我們就會產生質疑。

但如果你忘了訊息來源，無法按照訊息來源去對這個訊息進行評估的時候，這條訊息會傾向於成為你腦子裡的一條可信度很高的訊息。這是為什麼我特別相信小時候我跟我姊姊總是打架，至於怎麼打架的我卻都忘了，但是我媽媽記得。我媽媽說話有些誇張，總是添油加醋地跟我說小時候我是如何跟姊姊打架的，但有趣的是，我和我姊姊都不記得了，所以我的腦海中好像真實存在了我與姊姊打架的記憶，但是具體細節則一概沒有，只有對於媽媽描述的情景的陌生感。但她講得多了，這種陌生的記憶也變得熟悉起來。以至於當她繪聲繪色地講起來時，我好像真的回憶起我曾打了我姊一巴掌，我姊則拿凳子甩到我臉上一樣。所以你現在應該知道：你的記憶可能在欺騙你，你的記憶可能並不可靠。

那該怎麼辦呢？我有幾條很重要的經驗分享給大家。

第一，當你做出重要決定的時候，你不要總是依靠記憶，要多去查找資料，去問相關的人，然後找一個安靜的場合去回憶。心理學中把它稱為「自我覺察」，其中意識到自己的記憶存在失真是第一步，接受記憶被篡改是第二步。然後一定要去尋找一些客觀證據，比如一些照片、影片、紀錄，用它們來證明你的記憶是否真實。如果沒有辦法去證明它是否真實，那就存疑吧，避免讓錯誤的認知被深化。

第二，好記性不如爛筆頭，保持做記錄的習慣非常重要。我經常跟大家講：「今天」可能不是一個好日子，但它一定是個好故事。對於每個人來說，我們每天都有可能面臨無數的挑戰、痛苦，甚至是絕望。這些事情並不好過，但隨著你的記錄，這些事情可能就擁有了別樣的意義。經常有人問，你記得這件事情發生在幾月幾號嗎？或者你記得你上個月的某一天做了什麼事嗎？我說我去年某一天做了什麼事我都記得，這並不是因為我的記性有多好，而是因為我有記錄的習慣。我不相信我的記憶，但是我相信我的記錄。

第三，保持記錄，持續記錄，養成習慣。記錄這種事情是會養成習慣的。在這次有關人性的分享裡，我之所以能隨時調出我腦海中的記憶，想到那麼多相關的有趣的故事，並將其寫成稿件，就是因為我本身有記錄的習慣，讓我能寫出細節。

第四，最後請你一定要堅信，你的記憶是會失真的，這是毋庸置疑的事情。就像這個車禍記憶實驗，你身處其中的話可能也會被誤導，主動接收到不真實的資訊。所以你不要總是斬釘截鐵地去證明一些事情，也不要經常莫名其妙地去保證什麼事情是真的。這個世界上唯一不變的東西是它的變化，其中包括你的記憶。

對於記憶，還是謹慎一些好。

思考題

你有沒有過記憶失真的時刻？

04

認知失調實驗：怎樣讓你的人生有意義？

曾經有一個和我關係非常好的朋友向我借了5萬元，雖然我習慣不向別人借錢，也不借給別人錢，因為我知道借錢這件事很容易鬧得雙方都不高興。但因為我和這個朋友的關係非常好，於是我選擇了借給他錢，甚至沒有讓他開借據。

我只是問他：「你覺得你什麼時候可以把錢還給我？」

他說：「一個月後我肯定能把錢還你。」

我說：「好，那我就等你。」

一個月之後，我聽說他炒股票虧了錢，於是我給他發了一條訊息，說：「你最近還好嗎？」

他說：「不是很好。錢的事能不能再寬限一段時間？」

我說：「你想要寬限多長時間？」

他說：「寬限一個月可以嗎？等我手上的這個項目做完，他們會給我結一部分錢。我一定第一時間還你。」

我說：「也好。」

一個月之後，我看他依舊沒有要還我錢的樣子，我也沒有催促。我猜他一定是又遇到了一些困難，困難這東西，永遠是意外快於明天。就這樣，到了第三個月的時候，他還是沒有還錢的意思。我給他發訊息，他基本上也不怎麼回覆。直到有一天，我在一個飯局上遇到了一個朋友，這個朋友對我說：「你跟他之間是發生什麼事情了嗎？」

我說：「怎麼了？」

「他一直私下說你不好，說你人品有問題。」

我說：「他具體說我什麼了呢？」

「也沒什麼具體的事，就感覺他一說到你，就像在描述一個壞人一樣，我也不知道你們究竟怎麼了。」

很長一段時間裡，我都因為這件事情悶悶不樂。直到我瞭解了這個著名的認知失調的實驗，我才明白，原來他「必須」這麼做。因為只有這樣做了，他的內心才能舒服，否則他就認知失調了。而人一旦認知失調，將會非常痛苦，為了不痛苦，在他心中我必須是壞人。下面，聽我將這個認知失調實驗慢慢講給你聽。

1954年，心理學家利昂·費斯廷格做了一個著名的實驗。他召集一批大學生志願者，讓他們去做一些非常無聊且煩瑣的工作：把二十幾個碟子裝進一個大木桶裡面，簡單洗一下之後一個個拿出來，然後再放進去，這樣不停地拿出來放進去。一直重複半個小時。這個工作實在太無聊了，以至於每個人做完都很痛苦。之後費斯廷格讓志願者們再做另一項工作：一個板子上有48根釘子，每一位受試者都必須順時針轉動每根釘子四分之一圈，然後再逆時針轉動四分之一圈。48根釘子必須依次被轉動，不能有遺漏。就這樣，受試者又轉了半個小時的釘子。經歷這樣一個小時的折磨後，很多受試者已經崩潰，因為真的太無聊了！人在重複做一些沒有意義和無聊的事情時都會煩悶不已。

而接下來才是實驗的高潮部分。

費斯廷格告訴受試者說實驗結束了，他們可以自行離開。但是離開之前，費斯廷格說，其實這次我們主要是想觀察，一個人對做一件事情的興趣，會不會影響到這個人的工作效率。現在你們已經完成了這兩項工作，為了我們接下來的實驗，能不能請你們告訴後面即將參加實驗的人，說這個實驗很有趣、很好玩、你很喜歡。費斯廷格還說，本來這場實驗中有一個向後傳話的人，但是因為他生病了，無法向後面的人傳話了，所以能不能請你們幫忙，告訴後面這組人這個實驗很有趣。

不知道你看明白了嗎？其實這個實驗的目的，就是讓他們幫忙說一個謊。

此時，這些學生其實已經被分成了三組。第一組，在傳遞訊息的時候可以給他1美元。第二組，在傳遞訊息時給他20美元。但第三組在傳遞訊息時，沒有任何報酬。

就這樣，三組學生開始傳遞訊息。在傳遞完訊息之後，費斯廷格還沒有將實驗結束，而是把這些學生拉過來繼續做訪談，讓他們談談對這個實驗任務的真實看法。結果有意思的事情發生了，很多人竟然變卦了，真的認為這個實驗挺有趣的。這些人為什麼會有這種改變？

其實，當受試者經歷了第一個房間的實驗之後，大多數人，甚至可以說所有人，都覺得那項工作非常無聊。所以第三組，也就是在傳遞訊息時沒有收到任何報酬的那些人，依舊覺得這個實驗太無聊了。同樣的，得到20美元的人也覺得這個實驗很無聊，這是為什麼？因為他們在傳遞錯誤訊息後收到了20美元的報酬，於是他們這樣想：「你給了我20美元，我來幫你撒這個謊，我的謊值這20美元。我之所以會撒謊是因為你給了我20美元，而不是我真的這樣覺得，我並不會改變之前覺得這個實驗十分無聊的看法。」

但有趣的是，只得到1美元的那組人，想法卻變得完全不一樣了，他們竟然認為這個實驗挺有趣的。這又是為什麼？因為1美元作為報酬來說少了點，不足以成為他們撒謊的理由，所以他們會有非常明顯的認知失調。他們太難受了，心想自己因為1美元說了一個謊，不值得啊，這1美元完全沒有辦法買通一個人說謊和改變態度。所以為了平衡這個認知上的失調，他們的內心發生了變化：他們選擇改變自己的態度。他們找了很多支撐謊言的證據，開始覺得實驗挺好玩的，也並不是一無是處。你看轉釘子的時候還能夠鍛鍊身體；雖然這些盤子拿來拿去很無聊，但是每個盤子的顏色仔細看也不一樣，挺有趣的，而且還能訓練自己的觀察能力……這些人開始普遍「相信」自己竟然並不覺得之前那個實驗無聊了。

這就是認知失調後人的反應過程，也是人性的特點。

我們每個人在社會上生存，就一定會對自己的形象有一個基本的認知，人的行為跟認知往往是統一的。當一個人覺得自己是個善良的人時，那他也一定會去做一些善良的事，這樣他就處於認知和諧的狀態。可是如果他覺得自己是個善良的人，卻又做了壞事時，那他就會處於認知失調狀態。可是人們在生活中，很容易遇到一些客觀的、無法改變的狀況，不得不做出與自己認知相違背的事情。就像在這個實驗中，第一組的人面對實驗者的請求和1美元的報酬，「不得不」撒謊，但這1美元又不值得他們撒謊，所以他們就得調整自己的認知狀態，讓自己覺得自己沒有撒謊而是真這樣認為，如此一來，他們才不會感到痛苦。

所以這些人的內心想法是：我雖然撒了個謊，但是它不一定是謊，萬一後一批受試者中真有人喜歡呢？萬一這件事真的有意思呢？

你看，這就是人性的弱點。

人的態度和行為是兩種非常重要的認知形式。當這兩種認知產生了衝突或者說不一致的時候，會引起個體的心理緊張，這種心理緊張就是認知失調引起的緊張。這一種非常強烈的不舒服的感覺，會促使我們想盡一切辦法消除這種不適感。所以為了讓自己不感到難受，我們就會改變自己的態度，去迎合我們的行為，讓態度跟行為達成一致；抑或改變自己的行為，使自己的行為不再與態度產生衝突。

在平時的生活中，很多人都在給自己「痛苦的生活」尋找一些理由，而這些理由的本質就是希望自己不要認知失調。所以綜觀你身邊的人，有多少人過的生活並不是自己所期盼和想要的，但他們在潛意識裡要給自己做這件事提供理由。

人是有自我意識的動物，這種自我意識是利己的，為了利己，甚至可以自己欺騙自己。就像明知一件事情做得不對，明知道一件事做得很痛苦，但我們會給自己找理由，告訴自己這件事是「正確」的，應該這樣去做。這也是人性的特點。

卡繆說：人類就是這樣一種生物，他們一生都在試圖說服自己，他們的存在是不荒謬的。當我們犯了一個錯誤之後，我們會產生認知失調的痛苦，我們不願意承認自己錯了，所以想找一切藉口來證明自己沒有錯，甚至還要用行動來證明。於是我們可能會進一步犯錯誤，從而一發不可收拾。我就見到過一位老人，他明明被騙了很多錢，但是為了不讓自己認知失調，為了避免承認「我錯了」的事實，他不願意在子女面前承認自己被騙，反而一次又一次地去證明：你看那個人對我多好。

請注意，這跟我們完全被蒙在鼓裡上當受騙的情況不同。我今天說的這種情況是你其實也能夠隱約感覺到自己受騙了，甚至直接知道且有事實證明自己受騙了，但是你就是不願意承認自己看錯了人，自己被謊言蒙蔽了雙眼。你內心的感受太糾結，又不願意改變自己的認知，所以你只能改變自己的行為。你選擇依舊去相信那個人，從而一錯再錯。而這都是因為你掉進了認知失調的泥潭裡面。

相似的例子實在太多了。比如我媽媽，她經常不顧別人的勸阻去買一個完全不好用甚至很貴的東西。事後即便發現這個東西是真的不好用，但是因為買東西這個行為已經發生了，無法改變，她也只能「捏著鼻子哄眼睛」說這個東西好用，而不肯承認自己錯了。尤其是當我說「媽，這個東西真的不好用」時，她更是會理直氣壯地說：「不會啊，我覺得就是很好用啊。」

很多人在股票被套牢後也是這樣的反應。明明他買的股票表現並不好甚至很差，他非要說這是什麼價值投資，說萬一有一天股票突然變得值錢了呢？

再比如，一個女人為一個「渣男」付出了很多，她身邊所有的朋友都跟她說：那個男人不可靠，你快跟他分手吧，但她就是不肯，還堅定地認為他很好，只是別人不瞭解他而已。然後她還會找各種各樣的「證據」來證明他就是很好，我就是很喜歡他，他就是一個值得我付出一輩子的人。但其實，她內心可能已經意識到了這個男人並不可靠，她之所以這樣做就是為了規避認知失調的心理不適感。即使種種跡象表明他就是不可靠，她也會強行改變自己的態度去和行為保持一致：我都為他付出了那麼多，他一定是一個值得我付出一輩子的人。

這也是一種**沉沒成本**。

有時候人們無法及時止損，其實就是不願意相信自己當初看錯了人、做錯了事。如果當初我錯了，那我的付出算什麼？這段感情的意義是什麼？如果這些都沒有意義，那我的存在豈非也沒有了意義？那太痛苦了。有些婚姻並不如意甚至失敗的人，為什麼還一個勁地催別人結婚呢？有一句話叫「吃不到葡萄說葡萄酸」，但是如果你努力並且費勁地吃到了葡萄，即使那葡萄是酸的，你也會說：「這葡萄多甜哪，快來一起吃吧。」

心理學中有一個概念叫付出效應。它被視為一種心理補償機制，表示人們在付出後，通常會感受到一種良好的心理狀態，這種狀態會進一步推動他們更努力地付出以達到更好的效果。所以，在你為某人、某事付出後，哪怕結果不好，這種「良好的心理狀態」都會促使你改變認知，讓你覺得結果不錯，或者你還需要繼續努力。

可是真的如此嗎？

我把這個實驗引申一下，聊聊獲得20美元報酬的那一組受試者帶來的啟發。假設你的孩子考試得了第一名，這個時候你千萬不要給他太多貴重的禮物，也不要不停地使勁誇他。因為當孩子發現學習這件事竟然能夠有很好的回報，就像獲得20美元酬勞的那群受試者，他自然就不會去思考學習的意義。外在獎勵過大，會讓孩子覺得考出好成績是為了禮物，而不是出於學習的目的或者自我成長的需要。這時你最好的方式是誇他努力，引導他找到學習的樂趣和意義。否則有一天當你給的禮物不能滿足他的需求時，他便沒有學習的動力了，而這樣的學習是無法長久的。

同理，對於一個老闆來說，如果你的員工表現很好，你不要只以高薪酬來鼓勵他，高薪酬是他應得的回報，但這種回報在其他人那裡也能獲得，你一定不要只將高薪酬當作他在你這裡工作的意義，你還要給他情緒上的價值，給予他「在你這裡工作」的意義。所以你要給員工設立機制，幫他們找到成就感，要將你的使命、願景、價值觀傳遞給員工，讓他們感同身受，這樣你們才能擰成一股繩，為公司的發展做出共同的努力。

說回到第一個故事，我為什麼借給一個人錢，還允許他拖延不還，最後反而落得一個糟糕的名聲呢？很簡單，因為他不能讓自己認知失調。他如果定了一個又一個還錢期限卻還是沒能還錢，他的內心就會因為行為與想法不能匹配而產生強烈的內疚感，而他無法改變自己的行為，所以他選擇了改變自己的態度。

這時，在他的意識裡，我必須是個壞人，這樣他才能「合理化」不還我錢。他告訴自己：「李尚龍就是個壞人，因為他是個壞人，所以我不還他錢是對的。」你看，這樣一來，他心裡就舒服了。

他心裡舒服了，但我心裡不舒服了。因為我不覺得他是個壞人，所以他不還我錢這件事會讓我感到非常失望和傷心。所以，為了讓我自己心裡舒服一點，我也必須認為他是個壞人，都是他的錯。

不要覺得驚訝，這就是人性。

思考題

你覺得人是先有態度還是先有行動？你覺得是行動決定了態度，還是態度決定了行動呢？

05

三胞胎實驗：環境對人有多麼重要

我和姊姊是一對龍鳳胎，姊姊比我早出生五分鐘。但其實我們倆是同時出來的，但醫生發現我當時所處的位置不好，又把我塞了回去，先把我姊姊抱了出來。就這樣，她成了我的姊姊。三十四年過去了，我跟她走上了兩條完全不一樣的路，她從小就是別人眼中的好學生，班上品學兼優的代表；動不動就考到年級前幾名，然後考上了國內的一流大學，後來出國讀研回來，入職了一家大型企業。我跟她不一樣，我這一路摸爬滾打，什麼都做過，當過兵，上過大學，後來退了學，在新東方當老師，之後出過幾本暢銷書，在影視行業寫過劇本，拍過電影，還創過業，當過高管。在任何一個行業裡，我都賺到過一些小錢。前段時間我們一家人一起吃飯，聊到這個話題，我父親意味深長地說：「你們倆雖然路徑不一樣，但好在還是努力爬到了今天。」

我父親用了「爬到」兩字，我知道他其實是想表達我們從一個普通家庭走到了一個相對還不錯、富足的家庭狀態這個過程。換句話說，我們的努力讓我們實現階層躍遷了。

所以，今天我想探討一個主題，階層的躍遷是基因決定的，還是環境決定的。

我今天分享的這個實驗曾讓我做過噩夢，這個實驗來自英國的一部紀錄片叫《孿生陌生人》（*Three Identical Strangers*），堪稱真人版的《楚門的世界》，因為故事中三胞胎的一生可以說都是被人「安排」的。

故事中的三兄弟出生於一個環境極差的家庭，父母因為精神病而失去了撫養權，於是兄弟三人被送進了孤兒院。此時一位精神科醫生向三兄弟的父母拋出了橄欖枝，告知他們自己可以幫助三兄弟尋找合適的領養家庭，將他們撫養成人。夫妻倆欣然接受。但是誰也沒想到，這位醫生正在做一個龐大的實驗，這個實驗在研究環境，或者說個人生活的階層對人的成長到底有多大的影響。對於醫生來說，孿生兄弟是最好的選擇，因為他們有一樣的基因。之後只要讓他們在完全不同的環境中成長，就能得出結論了。

於是，三胞胎兄弟被分別送進了富裕、中產和貧困三個家庭中，同時，在每個成長階段，領養機構都會對他們進行智商、性格等測試。這個測試長達十九年，測試資料也被回饋到醫生那裡去，由他和他的團隊進行分析。三個受試男孩的多項資料都經過了精密的計算。在這個過程中：三個家庭和三個孩子都不知道另外兩個孩子的存在；在家庭結構上，三個男孩的變數完全一樣，父母雙全，都有一個大他們兩歲的姊姊。

可是，十九年之後，三個男孩變得完全不一樣了。三個男孩中，鮑比被富裕家庭領養。他的父親是醫生，母親是律師，都受過良好的教育，生活在英國最有錢和最負盛名的地區。第二個孩子叫艾迪。他被一個中產家庭領養，父親是一個普通的教師，一家人生活在一個中產階級社區中。第三個孩子大衛，被一個藍領家庭，也就是工人家庭領養。他的父母經濟狀況非常一般，都是移民，經營著一間小小的商店，他們的英語很差，甚至可以說是他們的第二語言。這也意味著他的父母受教育程度是最低的。

十九歲那年，鮑比考進了艾迪所在的大學，兩個人相認了。相認的原因是兩人無論是髮型還是長相都太像了，總有人把他們倆認錯。當他們的故事得以見報，被更多的媒體報導之後，另一個兄弟大衛也被找到了。三胞胎在十九年之後陰差陽錯地相認了，這讓人又激動又欣慰。我看紀錄片看到這裡時，感動得流下了眼淚。

讓人感到驚訝的是，三兄弟哪怕在截然不同的環境中成長，但是他們的坐姿完全相同，喜歡抽同款牌子的香菸，都曾練過摔角。比這更神奇的是，三個男生都喜歡同一類型的女孩——這可以說是基因的神奇之處了。

隨著越來越多的媒體報導他們的事，三胞胎決定一起做點事。於是，他們一起開了一家餐廳，因為有流量，這家餐廳一度食客爆滿，三個人還賺了一些錢。可是在不同環境下成長起來的三兄弟，性格有很大差別，再加上缺少成長中的磨合，一起開餐廳後三人的很多理念都不相同，慢慢產生了很多分歧。一開始三人只是進行小爭論，後來他們越吵越凶。在一次激烈爭吵之後，鮑比決定退出生意。他認為道不同不相為謀，決定自己重新尋找個人的努力方向。而大衛——那個來自貧困家庭的孩子——覺得理念不同，可以不在一起做事，但所有的問題都能解決，所以他們沒必要為此分開。

而來自中產階級家庭的艾迪自責了很長時間，他認為是自己和大衛擠走了鮑比，所以他的情緒慢慢走向崩潰。

這件事其實已經能夠從側面反映出，家庭教育方式對孩子的影響是非常大的。

鮑比最有主見。因為從小在富裕家庭中長大，父母給了他足夠的空間，讓他自己做決定，所以他做事比較果決，很有決斷力。艾迪很真誠、很負責，但是他的情緒波動特別大，動不動就崩潰，也正是因為他的躁鬱症和內心的自責感，最後他竟然吞槍自殺了。而被寄養在平民階層家庭中的大衛生活得也不錯，他在任何時候都能保持樂觀。

為什麼中產家庭出身的艾迪反而是生活得最不好的那個人呢？這個實驗給出了大膽的結論：影響孩子最深的不是基因，不是家庭條件，而是父母的教育方式。在紀錄片裡，家庭最富裕的鮑比，父母都很忙碌，雖然沒有足夠的時間陪伴孩子，卻仍非常重視孩子的教育，一直用正向的、溫暖的、鼓勵的方式引導孩子成長。英國的鼓勵式教育是比較有名的，具體情況大家可以去看一下紀錄片。在父母的關愛下，加上家庭條件不錯，鮑比的個性發展和生活狀態都很好。

而生活條件最差的大衛，雖然父母的受教育程度比較低，但是大衛的父親個性慷慨又溫暖，不吝嗇給他擁抱、親吻和愛。他非常喜歡孩子，無論大衛做什麼，他都會感到很驕傲，也正是因為他，大衛成長過程中的很多挫折都被愛化解了。在這樣的一種成長狀態下，雖然家庭條件並不是很好，資源也沒有那麼豐富，但是大衛成長得很快樂。

我曾讀過一本書，叫《象與騎象人》，書裡提到：為什麼有些寒門能出貴子，有些寒門出來的則是犯罪分子？原因是當一個孩子在寒門生活中經歷了挫折，如果他的身邊有一個愛他的人，愛加上挫折可以讓一個孩子成為貴子。但如果他只有挫折沒有愛，那麼這個孩子只會形成習得性無助——我在後面的內容中會跟大家分享習得性無助是多麼令人痛苦——從而最終走向深淵。

再說艾迪，艾迪是一個典型的中產家庭中的孩子。他的家庭條件居中，父親和母親雖然都是老師，很重視教育，但對他進行的都是傳統的、十分嚴厲的教育。他的父親壓力很大，而且會把一切壓力放在孩子身上。父親在家裡制定了軍事化的規定，嚴格要求孩子去遵守，家庭教育幾乎是苛刻而殘酷的。本來性格挺活潑的艾迪開始變得情緒化，同時，高壓式的教育讓艾迪養成了一種低自尊的個性，感覺自己做什麼都是錯的。只要事情結果不好，他就會把問題歸因於自己，所以他才會認為兄弟拆夥是自己的問題。這表明他的心態已經出了問題。也正因如此，他後來得了躁鬱症，人到中年時生命戛然而止。

這個實驗給了我很多啟發：無論你生活在一個富裕的家庭裡，還是一個貧窮的家庭裡，只要家裡有愛、有陪伴、有鼓勵、有互動，你的成長就是幸福的。對於一個人的成長來說，家庭環境的影響比我們以為的要重要得多，而其中最重要的，就是愛和陪伴以及家長的教育方式。

那麼基因呢？由於特殊的、天才式的基因太少太少了，所以對於絕大多數人來講，基因其實沒有我們想的那麼重要。經常有人跟我說：「李老師，我特別喜歡學習寫作和英語，可是我就是學不好，我覺得我的天賦不夠。」我會回他：「得了吧，我們大多數人的努力程度還遠沒有到拚天賦的時候。」我們以為自己拚盡了全力，而這可能才是別人努力的一個零頭。

基因重要嗎？我們認為重要，但是它相比於環境來說，真的不夠重要。我看過一本書叫《天生變態狂》，作者是詹姆斯·法隆。這個作者很有意思，他研究了七十多個變態狂的大腦，其中有把父母殺害的人，也有天生具有反社會型人格的人。他研究大腦組織三十五年，翻閱了很多大腦的研究資料後，驚奇地發現：一個人只要基因有問題，他就有可能成為殺人犯。可是誰也沒有想到，他睡了一覺起來，看見了一張腦組織的結構圖，他發現這個人的腦組織中的每一個特徵都是變態殺人狂所具有的特徵，他認定這個人一定是變態殺人狂。結果沒想到的是，這個人竟然就是他自己。

是的，他自己的腦部結構跟很多天生的變態狂一模一樣，基因也差不多。可是他為什麼不是一個殺人犯呢？他不僅不是殺人犯，還是一個成就極高、家庭幸福、受人尊重的人，並且是個好爸爸。原因很簡單，因為他擁有一個充滿愛的原生家庭，而且接受了良好的教育。這些因素比基因要重要得多。

你嚴苛要求孩子，整天責罵孩子，把家裡弄得烏煙瘴氣，孩子從小在雜訊、挫折、無助中成長，心態和性格很容易出問題，這種情況下你對他的期待越大，他未來遇到的麻煩就會越多。你不如給他足夠的愛，告訴他就算遇到再多挫折，爸爸媽媽都在他的身邊，這種環境才會給孩子以滋養，讓他擁有一個更好的未來。

《天生變態狂》的封面上有一句話：「每個人的內心都匍匐著一頭黑暗巨獸，伺機將你拖入無盡的深淵。唯有愛和陪伴能帶給你尋找光明的力量。」什麼是黑暗巨獸？它就是你的基因。不要抱怨，每個人的基因可能都有問題，就拿癌症來說，你可能沒有做過什麼不利於身體健康的事情，但它就是找上了你。有些身體或者精神方面的缺陷我們無法改變，但哪怕再艱難的境地，愛和關懷仍能夠帶給我們尋找光明的力量。

環境非常重要，要不然孟母也不會三遷。那麼我們能為此做點什麼呢？最後，我想跟你分享以下五點我對環境的認識：

第一，警惕你的環境。我們大多數人的環境都由自己身邊最親密的三五個人組成，因此有了心理學和社會學中的一個調查結論，叫密友五次元理論。你的身分、階層、經濟狀況甚至性格，都是由你周圍五個人的平均值決定的。所以你要警惕你的環境，因為你的選擇以及你對世界的看法，都來自你最親近的這幾個人，而這種影響你並不會察覺。這就是很多人終其一生都走不出原生家庭影響的原因。

第二，主動更換你的環境。當你發現周圍的環境並不是你想要的，而你又沒有經濟能力去改變它時，請你默默地給自己樹立一個目標，問問自己想去什麼樣的地方，想跟什麼樣的人成為朋友，想住什麼樣的房子，想跟誰擁有一段未來。越是原生家庭的家庭狀況和經濟狀況不好的人，越容易討厭不一樣的人際關係，害怕和不一樣的人打交道，要麼不善於表達，失去很多機會，要麼對人掏心掏肺，結果受到欺騙。他們往往習慣了資源貧瘠的基礎，要麼過於在乎金錢，要麼花錢大手大腳，認為打工才是唯一的出路，失去了很多更好的發展機會。但其實這樣是不好的，你要學會去更好的環境裡學習，當你有了榜樣，就去接近它，你要跳出你的原生家庭，去跟優秀的人交朋友，這樣你才有機會過更好的生活。

第三，去尋找有愛的環境。什麼叫有愛的環境？生活中有一個規律，就是人越往「上」走，「上面」的人群越包容，得到的愛越多。人越往「下」走，就會遇到越多雞毛蒜皮的瑣事。就像一個女孩子生活在一個閉塞的村莊裡，二十五歲不結婚可能就是個大錯，如果她膽敢三十歲都不結婚，沒有孩子，很可能會被左鄰右舍批評得體無完膚。但如果她來到大城市裡生活，當她越往上走，越注重自身的發展時，她會發現沒有人要求她一定要結婚，也沒有人批評她至今未婚，因為周圍人會明白那是她的自由。這就是大環境的包容性。

第四，遠離消耗你的人。這裡所說的「消耗你的人」指的是所有人，包括跟你很親近的人。多跟那些能夠滋養你的人成為朋友，把自己放在愛裡，而不要放在痛恨中。

第五，如果你真的沒有能力做到這一切，請記住一句話：肉體可能還在痛苦中，但請把靈魂放進書裡。因為在書裡有無限美好的愛和廣闊的知識的海洋。通過閱讀，你可以跟這個世界上偉大的靈魂成為朋友；你可以穿越空間和時間，把這些偉大的思考者帶到你的身邊，讓「他們」來保護你，做你糟糕境遇裡堅實的依靠。

思考題

在第一章中跟大家分享了五個實驗，你印象最深刻的實驗是哪個？為什麼？

第二章

人性中的善良與邪惡

06

左撇子實驗：人為什麼會說謊？

我前段時間遇到一個女孩子，和她一起去吃了一頓飯。飯桌上，她不停地控訴自己的男朋友說謊，說他滿嘴謊言，越查越發現他沒有一句真話。她還問我：「這樣的男人還有救嗎？」不知道為什麼，我突然想到一句話：「當你開始仔細看花瓶裂縫的時候，你會發現花瓶的裂縫越來越多。」

所以我安靜了一會兒，然後問她：「你自己撒過謊嗎？」

她說：「我沒有。」

我說：「真的嗎？」

她想了想說：「好像也有一些善意的謊言。」

我說：「這樣的謊言多嗎？」

她說「不多」，後來又說：「好像挺多的。」

我說：「那你為什麼會撒謊呢？」

她說：「這個性質不一樣。」

我笑著不說話，她好像也看出了自己的「雙標」，愣了半天，說：「我不是在狡辯。」

我繼續問她：「你覺得這個世界上有人從來沒有撒過謊嗎？」

她想了很久，說：「應該有吧。」

我說：「我告訴你，沒有。」

她又愣了，問：「為什麼呢？」

我說：「因為我們已經來到了一個後真相時代。這個時代可能不存在真相，只存在『後真相』。因為所有的真相並不是單一維度的，我們需要用各種各樣的方式去瞭解這個時代的真相。真實與否已經降到了次要位置，不同的人群只選擇相信符合他們各自喜好的資訊。這個世界太複雜了。當然我並不是為他狡辯，而是我想到了更多的東西。」

我來舉一個簡單的例子。假如你在社交軟體上問一個男生：「在嗎？」他可能剛看手機，回覆你「在」。然後這時他被人撞了一下，把手機摔關機了，你說他現在在還是不在？也可能他剛看完手機，但馬上就要參加一場重要會議，於是他回覆「不在」，可這是什麼意思？不在怎麼回覆？

當然，我說的這個案例可能有些極端，那麼我再來舉一個例子。我們看一句非常簡單的話，叫「桌上有一枚蛋」。這是一個簡單的事實，也是個陳述句。接下來我要請你跟我一起做個實驗：你能想像出這枚蛋的樣子嗎？請你閉上眼睛想像一枚擺放在桌子上的蛋。你有多大把握確定你「看到」的蛋跟我「看到」的蛋是一樣的？其實你仔細想想，就知道我們「看到」的蛋可能並不一樣。

為什麼？你想到的應該是雞蛋吧？

那為什麼不是鴨蛋？為什麼不是恐龍蛋？為什麼不是鑲有寶石的彩蛋或者巧克力蛋呢？

回到雞蛋上，就算你「看到」的是雞蛋，你確定你「看到」的是完整的雞蛋還是放在盤子裡的一枚蛋、煮雞蛋？你有沒有發現，就這麼一個「蛋」字其實已經是一個非常複雜的事物了。剛才那句簡單的「桌上有一枚蛋」竟然能產生這麼大的歧義，更何況我們看到的五彩繽紛的世界呢？這就是為什麼在這個時代，我們的認知可能越來越難接近所謂的真相的原因。

再來做一個實驗：你從最近的窗戶往外看，看到了什麼？你看到了多少輛汽車？它們的材料和顏色是什麼樣的？有多少植物？有多少樓房？你有沒有看到大樓是用什麼材料做成的？有多少扇窗是開著的？

你可以找一個人跟你一起看，你會發現每個人看的角度都是不一樣的。但如果讓你說讓你寫，你只會站在自己的角度去說去寫。如果讓你去評價一個人，比如你的女兒、兒子、男朋友、老公，他在學校裡的表現是否優於同齡人？他在工作中的表現是否比同事要好？如果回答是肯定的，那我想問你，他到底是哪一方面比較好呢？是考試成績還是跑步比賽成績呢？是人際關係還是業績抽成呢？他的努力體現在什麼地方呢？我再細問一下，這些指標真的足以評價一個迅速變化、具有多個維度的個體嗎？一千個讀者眼中有一千個哈姆雷特，每個人看世界的角度和看一個人的角度都不一樣。所以大多數人會產生一種錯覺，認為「我」看到的世界是絕對真實的、單一的、獨特的。但並不是。你只是在盲人摸象。這就是人性的秘密。

這個時代開始變得越來越複雜，我們面對的大多數問題都開始變得無法完整被描述，於是我們不得不片面地進行真相的描述。因為生活太複雜，所以我們希望將描述簡單化，而這樣也帶來了真相的流失。這就是為什麼好像社會上的「渣男渣女」越來越多，因為人們已經不願意去瞭解人性背後複雜的邏輯了，只是從某一個方面出發，用簡單的一個詞來形容一個人。

我再來跟你分享一個關於人性的實驗。一個叫保羅・羅辛的心理學家做了一個很有趣的實驗，他向受試者展示了一個剛剛打開包裝的嶄新的便盆，並反覆地跟受試者說這個便盆是乾淨的，並且沒有人用過，受試者也相信這個便盆是嶄新的。接下來，保羅把蘋果汁倒進這個便盆裡請受試者喝，但是大多數人都拒絕了。我想這很好理解，因為換成你，你也不會喝。並不是說那個便盆髒，而是因為我們已經下意識地把便盆跟尿液、糞便聯繫在了一起，覺得它是「髒」的。但理性地分析，這個便盆真的髒嗎？它跟一個新的塑膠水杯有什麼不同呢？

所以大家發現沒有，任何一個物品，它不僅是那個物品，它還有背景，一旦有了背景，就會影響我們對一個物品的看法。**對於任何一個人也是這樣的，他有了不同的背景，就有了不同的存在意義。**（我在後面的內容裡會分享。）

那麼我換一個背景。如果你被困在了沙漠裡，周圍沒有水源，這時你看到一個便盆裡裝滿了蘋果汁，你會喝嗎？我想你會毫不猶豫地喝下去。因為背景不同，所以人的行為也不同了。這就是為什麼我們發現網路上有那麼多自己難以理解的資訊，因為如何解讀這些資訊其實取決於它的背景，而不是這件事本身。換句話說，我們在看到某事想要發表某個觀點的時候，更應該看到的是這件事情發生的背景，而不是單一的事件。

可惜的是，在這個碎片化的時代裡，越來越多的人已經不願意去瞭解事情的背景，而只會針對事情的某一面誇誇其談。

所以，很多情況下別人說出的話，你都會發現那可能是謊言。比如，一個女孩子說自己的男朋友總是說謊，每天晚上跟她說「我睡了」之後，轉頭就跑到外面喝酒去了。她說這種男人能要嗎？可是如果你瞭解一下這件事的背景，你就會發現，他可能並不是想說謊，而是已經和朋友有了一個喝酒的約定了，但他知道女朋友知道後一定會擔心和阻止，所以選擇了撒謊。他這樣告訴女朋友只是想讓女朋友安心，讓女朋友早點睡。雖然這種行為也並不值得提倡，但可悲的是這種行為一旦被認為是「撒謊」，那麼對待它的態度就很難改變了。

你看，**當你去瞭解事情背景的時候，可能一個謊言就開始變得充滿善意了。因為你已經開始接受這個世界的複雜性。**

謊言還很容易發生在「數字」上面。1991年，兩位非常著名的心理學家做了一個關於左撇子的實驗，研究報告表明左撇子比右撇子平均早去世九年。這兩位博士研究了1000名加州人的死亡事件，發現右撇子的平均死亡年齡是七十五歲，左撇子的平均死亡年齡是六十六歲。於是他們得出了一個結論：左撇子比右撇子更容易死去，左撇子甚至和吸菸一樣對健康具備危害性。

於是，「左撇子會早死」這個觀念一下子被傳播出去了。一直到2013年，英國廣播公司才開始重新思考這個問題。他們經過了大量調查，得出的答案是：「左撇子會早死」的說法是沒有根據的。

調查結果顯示，左撇子和右撇子的平均死亡年齡完全一樣，那為什麼會有這種結論上的變化呢？

因為在20世紀70年代之前，在英國、美國和其他一些發達國家中，很多左撇子的孩子被認為是被魔鬼附身了，這導致他們在童年時受到打擊和歧視，從小過得很痛苦；他們的父母也會逼著自己的孩子從左撇子變成右撇子，這些才是真正導致左撇子壽命短的原因——糟糕的原生家庭和被強迫、被詛咒的成長經歷。

他們的成長環境是惡劣的，以至於其中很多人得了精神病。所以在1991年的調查中，心理學家才會得出「左撇子有害」的推斷，而這種說法的廣泛傳播，也促使很多家長更加努力迫使自己的孩子從左撇子變成右撇子，這導致更多的左撇子出現心理問題。

而在20世紀70年代之後，這些國家開始鼓勵民眾承認自己是左撇子。這樣在這些孩子的成長過程中，他們心理上沒有之前的壓力，因此年齡相同的左撇子跟右撇子幾乎擁有相同的預期壽命。

數字很神奇，它可以提供關於這個世界的語言所無法提供的清晰度。我們可以用數字來比較、評價事物的變化，總結一個人或者一件事的發展進程。當然，數字同樣可能被誤解。這裡給你推薦一本書，叫《雙重論證》。這本書的作者認為：多數人眼中的惡，可能在另外一個人眼中是善；多數人認為的謊言，可能從另外一個角度看是真實的。

所以，我想你已經知道，真相已經不那麼重要了。因為每個人都有自己的選擇和判斷，這些判斷更容易被自己的情緒所左右。對於很多人來說，被情緒影響的時候，他們已經分不清事情的真假了。

再舉一個簡單的例子，很多孩子特別不喜歡吃胡蘿蔔和豌豆。但是你稍微把這些食物的名稱改一下，比如把青豆改成「激情迸發的可愛無敵奧特曼青豆」，孩子馬上就開始吃了。別問我怎麼知道，因為我就是用這招來對付我的小外甥的。

我之前也和大家講過，當一個人喜歡做一件事的時候，他就會想盡一切辦法證明這件事是對的。

這個世界上最大的謊言應該就是鑽石。鑽石不就是石頭嗎？是怎麼和愛情、婚姻綁到一起的呢？鑽石真的有那麼珍貴嗎？這些是怎麼發生的呢？原來在第一次世界大戰之後，美國的鑽石銷量減少了一半，這時有一個策劃人叫艾耶，開始了用廣告拉動鑽石銷量的工作。他發表了一則廣告，在鑽石和愛情之間建立了聯繫。廣告上說：女孩子一定要以求婚者的鑽石大小作為評判愛情的標準，他愛你，就會給你送大鑽戒；如果一位男士想要表達自己對婚姻的承諾，就必須買鑽戒，因為鑽戒代表著永恆。更何況，兩個月的薪水對於永恆持久的事物來說，難道不是很小的代價嗎？女孩子一聽，太對了！就是這樣的！你不給我送鑽戒，怎麼證明你愛我呢？

就這樣，鑽戒跟愛情聯繫在了一起。但我們理性分析一下，鑽戒對於婚姻到底有什麼用處呢？把買鑽戒的錢用在購置其他物品上不是更實用嗎？但現實告訴我們，不是這樣的，鑽戒甚至成為婚姻的「必需品」了。這就是人性的影響。

據統計，到2015年，美國珠寶市場每年的消費額是390億美元，今天75%的美國新娘會戴上鑽戒。20世紀60年代，很多亞洲國家，像日本、中國，年輕人結婚時都沒有聽說過鑽戒。但是20年之後，60%的日本新娘戴上了鑽戒，本地現在也一樣，很多人結婚都會買鑽戒。

每當我看到比較自己鑽戒上鑽石大小的女人時，我都會推薦她去看一部叫《血鑽》的電影，看完後她們都很生氣，也都知道昂貴的鑽石只不過是騙局，但如果要問她們：「你還要鑽戒嗎？」她們卻都會說：「為什麼不要？」所以，歡迎你來到後真相時代。

最後要分享一個結論：在這個時代，我們不要總是指責別人說「你撒謊」，我們應該學會基於人性進行思考，因為思考比真相要重要得多。

關於思考，我總跟大家講，要麼學會證實，要麼學會證偽，要麼就學會存疑。所謂成長，就是從你相信一切都是真實的開始，之後慢慢地質疑一切都是假的，最後你開始明白真假不是最重要的。在這個世界上，我們要給人鬆弛感，要給自己鈍感。不要把一切都辨得清清楚楚、明明白白，因為有時候真相的壓力是你難以承受的。也不要總是期待每件事都能查到水落石出，日子最舒服的狀態是得過且過，允許一些事情是自己不能掌控的。

當然，也請你記住一句話：不要去故意欺騙別人，因為你能騙到的人，都是相信你的人。而信任，是一種消耗品。

思考題

你有沒有有意無意地說過一些謊？你為什麼會說這些謊呢？

07

「韻律0」實驗：人什麼時候會爆發出可怕的惡？

我曾寫過一本小說叫《刺》，在那本小說裡我探討了一個主題：人性到底是善還是惡。我不知道你們怎麼想，我也把它當作本節最後的思考題。

但我想說，人性其實很像橡皮泥，你怎麼捏它，它就會怎麼變。

所以，我想跟你探討一個問題：人在什麼時候會爆發出人性中的惡呢？

這裡我要分享一個很著名的人性實驗。1974年有一位偉大的藝術家創作了一個影響力巨大的作品，叫作《韻律0》。在這個作品中，她把72件器具放在觀眾面前，這些器具五花八門，有刀、鐵鍊、錘子、鞭子等危險物品，甚至還有一把裝了子彈的槍。接下來，她把自己奉獻給了實驗——她將自己麻醉，確保自己是不能動的，也不能說話。她承諾參觀的觀眾可以將任意器具使用在她的身體上，不論觀眾對她做出何種舉動，她都不會反抗，也不需要他們承擔法律責任。

在表演開始之後，有些人一開始只是好奇地用桌子上的口紅在她的身上畫畫。後來人們發現她果然不會動，於是，有人開始用桌子上的水朝她臉上潑，甚至有人往她的頭上倒水。漸漸地，人們開始變本加厲。一個人用剪刀剪開了她的衣服，還有人用玫瑰花的花刺在她裸露的皮膚上拍打，甚至還有人把刺扎進了她的皮膚裡。而當看到了血，人們開始瘋狂，有人拿起桌子上的刀在她的身上一刀一刀地劃。

越來越多的人發現她不會動，甚至不會叫的時候，他們變得更加瘋狂了。幾個觀眾將她抬起來，又把她放在地上。甚至這些觀眾的意見還不統一，這個說應該這樣放，那個說應該那樣放。他們不知道的是，現場的恐怖畫面全部被記錄了下來。我在看到那場實驗的圖像，包括寫下這些字的時候，都覺得很可怕，難以想像在受害人沒有反抗的時候，人竟然能爆發出如此恐怖的惡。但這位女藝術家一直沒動，就在這樣一種狀態下，被「觀眾」們整整擺布了六個小時。

最後這個實驗為什麼停止了呢？因為有一個人拿起了桌上的手槍，把槍塞到了她的嘴裡，準備扣動扳機。這個時候，她的淚水奪眶而出。這時現場好多觀眾才猛然意識到他們的行為越來越離譜了，並及時制止了那個企圖殺死她的人。終於，她恢復了知覺，滿臉淚水地注視著每一個觀眾，然後鞠躬緩緩走下台去。這時觀眾突然變了一個樣子，就好像犯了錯一樣，尤其是那些拿剪刀剪開她的衣服，用玫瑰花的花刺扎她的人，開始躲避她的目光，並紛紛往後退去。

這位藝術家叫瑪麗娜·阿布拉莫維奇，是一位偉大的行為藝術家。她的這場實驗也被稱為「最殘忍的行為藝術」，在這場實驗當中，我們深深地認識到了人性中的惡若是沒有受到約束，會造成多麼可怕的後果。這種只會在野獸身上看到的「獸性」，就是因為沒有約束、沒有控制，所以在人類身上爆發了出來。

這就是我寫《刺》這本小說的原因，我希望能讓更多的人看到校園暴力、職場暴力、網路暴力的可怕，希望能夠立法，防止這類行為的發生。只有這樣，才能更好地保護那些被欺負的孩子。不要指望人有多麼自覺，因為如果沒有法律的約束，人就難以控制人性中的惡，人就會像野獸一樣，變得殘暴和無情。

我經常跟很多家長講，如果你的孩子是一個「熊孩子」，是一個會在高鐵上不停地吵鬧，用腳踢別人的椅子的孩子，那麼你最應該做的不是去跟對方說「你跟孩子較什麼勁」，而是抓緊時間跟孩子立規矩、定規則，約束他的不良行為，引導他往好的方向發展。

沒有規則束縛的人性就是萬惡之源。曾經有一位叫小野洋子的日本藝術家，她有一個表演成名作叫《切片》。這場表演是這樣的：她坐在台上，身邊放了一把剪刀，觀眾可以上去一點一點剪掉她的衣服，直到她完全赤裸。她跟大家說：「你們不用顧忌，只要剪掉的碎片比一張明信片大就好，你們可以隨便剪，什麼地方都可以。」一開始，一些人感覺不好意思，就剪了一些無關緊要的邊邊角角；緊接著，一些人剪掉了她的胸衣肩帶，然後剪掉她的胸罩；最後，人們的行為越來越離譜。其實，人們的最終選擇都是在暴露他們真實的內心，他們的心裡想著什麼就會剪掉什麼。但這一切都是從第一次離譜行為開始的，因為沒有規則的約束，所以他們的行為越來越肆無忌憚，越來越離譜。

不知道大家是否聽說過，宇宙萬物的一個終極規律——熱力學第二定律，它的基本原理之一叫熵增定律。所謂熵增，就是宇宙萬物的混亂程度會越來越大。比如你放一杯水到你的房間裡，這個杯子中的水的水分子會飄得到處都是，越來越雜，它分佈在每一個角落，這就叫熵增。這是宇宙萬物的規律。人也是一樣，如果不對人加以管束和制約，人的行為就會越來越混亂，直到無法收拾。

另外一個關於人性的實驗結論叫**破窗效應**，它也是犯罪心理學中的一個重要理論，最早由詹姆士・威爾遜和喬治・凱林共同提出。該理論的內容是：當一座房子出現了一扇破碎且未被修理的窗子，那麼不久之後，其他完好的窗玻璃也都會被打碎。或者當你把一輛車的一面窗戶打破，停在那兒，不久之後，車上所有的窗戶也都會被打破。這就是破窗效應。

為什麼會這樣呢？因為當第一扇窗子被打破之後，這種行為會逐漸傳播出去，被更多人知道。於是越來越多的人開始效仿，甚至會做出比之前更嚴重的壞事。這種破窗效應在生活中其實比比皆是。就拿小野洋子的那個實驗來說，當時一個男生剪掉了她的胸罩，於是越來越多的人發現，原來這些私密部位的衣服也可以被剪掉，於是更多的人開始這樣去做了。

我想起我小時候曾買過一雙很漂亮的白鞋，幾乎花了母親半個月的薪水。我特別愛惜它，絕對不允許泥巴濺到上面去。當時有一部非常紅的電視動畫片叫《灌籃高手》，裡面有句話叫「新鞋踩三腳」，不知怎麼就被班上的同學學到了。有一天我在上體育課之前，被一群同學圍著，他們嘴裡說著「你的鞋好漂亮啊」，然後一個同學上來直接在我的鞋上踩了一腳，說「新鞋踩三腳」。馬上，一群同學追著我開始要踩我的鞋。一片混亂過後，我愣在了原地。那天回家的路上，我自己竟然也開始走泥地了。是的，我也開始慢慢地不再愛惜它了。因為一旦新鞋子被人踩了一個腳印，那麼破窗效應來了。

很多人的自暴自棄，也都是從一次暴飲暴食、一次爛醉如泥、一次生活失控開始的。這就是為什麼我們講「常在河邊走，哪有不濕鞋」。有人說：「既然濕了鞋，我就洗個腳，洗完腳我再洗個澡，洗完澡我再泡一泡。」你看，不良行為就接踵而來了。所以可以說，在沒有約束和制約的狀態下人都會作惡。

這也給了很多家長一個提醒，孩子生活中的一些不好的小行為，如果放任不管，就有可能走向違法犯罪，這是人性決定的。你想想看，剛出生的小孩實際上具備非常強的破壞力，這種破壞力甚至超出他們的體力範圍。他們要靠大人不斷地勸說、教育，才知道原來有些事情是不能做的。他們必須知道畏懼是什麼才能學會控制自己的行為，因為在很小的時候，讓他們畏懼的事都被大人擋在了外面，因此他們無所畏懼，破壞力最強。所以我們看到很多未成年人犯罪的報導時，有些人會說人性本惡，但其實並不是，他們只是缺少了引導和規則的約束。一個孩子長大之後，開始經由父母的教育認識到做壞事會受到懲罰，他會逐步感到恐懼，而約束自己的惡。可以說，對於違反規則會帶來懲罰的恐懼，是限制人性之惡最好的方式之一。

那應該如何讓這種惡遠離自己呢？下面我來跟你分享四條我的理解：

第一，請你一定要讓自己強大起來。我們剛剛說的兩個實驗，其中有一個重要的條件，那就是藝術家不能動。你想想看，如果藝術家能反抗，並且是個身材魁梧，看起來很不好惹的人，那麼即便你傷害她不用負法律責任，你還敢對她動手嗎？我想很多人的答案都是不敢。

其實世界就是如此，人性就是這樣，讓自己強大是破除一切人性之惡最好的手段。我一個朋友的孩子從小練習跆拳道，有一天他的老師跟我朋友說：「你的孩子太過分了，一個人把班裡的四個同學都打哭了，這不是校園暴力嗎？」我朋友剛準備批評孩子，突然意識到四個孩子打我們家一個孩子，這是誰更暴力？於是詢問了孩子，發現起因是另外幾個孩子挑釁還想要「圍毆」他。那為什麼反而是那四個孩子像是「受欺負」了呢？很簡單，是因為我朋友的孩子夠強大，在遇到危險時能保護自己。所以說，在我們的生活中，遇到「惡」是很難避免的，我們能做的是讓自己有抵抗惡的強大力量；另外更要注意，不要讓這種力量變成我們作惡的資本。

第二，一定要有規則和規矩。當一個地方沒有規則和規矩，人性的惡就更容易顯現出來。所以，無論是國家的運行、社會的穩定，還是學校和公司的運轉，乃至於一個家庭的和諧，都需要一定的規則和規矩。我們自古就明白，「沒有規矩，不成方圓」，想要讓無數個體變成和諧的集體，一定要有適當規則的約束。同時，當你進入一個新的環境和領域，你也要盡早弄清楚此處的規則，這樣才能更好地適應新生活。

第三，千萬不要和品行不端的人為伍。什麼叫品行不端的人？就是那些不按規則做事的人，比如大搖大擺不看紅綠燈，甚至不看車流量情況過馬路的人，這樣的人對自己的生命都不負責，不難想像他還能做出多少危險的事情；還有擾亂紀律、我行我素、不管他人利益的人，最常見的就是那些隨意插隊的人。這樣的人終有一天會打破你們之間的規矩和突破你們之間的關係底線，因為這種惡是會傳染的，一旦這種惡傳染給了你，你要花好長時間才能將其去除。

第四，請你一定要警惕自己的第一次「作惡」。這裡所說的作惡並不是殺人放火的大惡，甚至不是說真的已經把惡行付諸實踐，而是你第一次動了作惡的強烈的念頭。比如當你第一次想偷竊、想賭博、想欺騙……這些作惡的強烈念頭同樣值得被注意，因為這表示惡意已經有了萌芽，雖然這萌芽被你掐斷了，但你要知道是什麼滋養了它，這樣你才能更好地避免內心惡意的滋生。

最後說回之前的問題，人性到底是善還是惡呢？我認為這世界上的人性其實沒有善惡之分，只有為了生存而選擇不同手段的行為。

所以，究其本性而言，人並沒有善和惡之分。但當人類創立了社會，定了規則，開始區分善惡，那些為了達成自己的目的，不擇手段，危害他人利益甚至生命的行為，被界定為「惡」。而為了在社會中生存，我們必須遵守規則，否則，等待我們，甚至等待整個人類的，都將是毀滅。

善惡都存在於我們的心裡，只是一種念頭，關鍵在你如何選擇、如何去做。

思考題

看完這一節內容之後，請你來思考一下：人性到底是善還是惡呢？

08

撒瑪利亞人實驗：人為什麼會表裡不一？

在我創業的這麼長時間裡，我見到了很多很優秀的領導者，仔細觀察這些人，我發現他們都是掌控人性的高手。但這其中有很多人，和外表呈現出來的謙遜、可靠不同，他們都有這樣一個特點：說一套，做一套，想一套。

他們會把一件事說得天花亂墜，讓你覺得有利可圖、機不可失，必須抓住機會。但其實他們做的是另一件事：剝削你，佔你的便宜。比如，一位「大佬」創辦了一個協會，讓每個會員交幾千元錢入會，美其名曰給大家賦能。很多加入這個協會的人都是創業者，他們希望「大佬」能給他們投資。但是「大佬」讓他們交錢入會，第一是完成第一筆募資，第二是希望他們成為自己所創基金的有限合夥人。至於投資，「大佬」絲毫不放在心上，還能敷衍得你心服口服。結果就是，想融資的反而被融資了。

這個世界上就是有很多人表裡不一，尤其是在商業中，在利益的驅使下，很多人的想法跟他的行為是截然相反的，你要懂得辨別。如果你看不懂，那麼今天看完這篇文章後你就會懂了。

下面我就跟你仔細探討一下，為什麼人會表裡不一。

《聖經・新約》中曾講過一個寓言：一個猶太人被強盜打劫，受了重傷。他躺在路邊，有祭司和利未人路過。祭司和利未人是神職人員，應該是十分具有愛心的，但是他們完全不理會。此時，有一個撒瑪利亞人路過。撒瑪利亞人雖然跟猶太人不睦，但是這個撒瑪利亞人不顧教派隔閡，善意地幫助了重傷的猶太人。這樣的對比可以說是十分諷刺的，祭司和利未人嘴巴上都不停地說著幫助別人很重要，可為什麼他們不停下來幫助那個受傷的猶太人呢？

無獨有偶，我下面要跟你分享的這個發生在普林斯頓神學院中的實驗和這個故事十分相似。實驗者在普林斯頓神學院中找到了一群學生，讓他們各自去參加自己組織的活動。有一些人去參加就業的活動，有一些人去參加宣講這個善良的撒瑪利亞人的故事的活動。一個去宣講撒瑪利亞人的故事的人，他本身善良嗎？雖然接下來他們要去宣講這個故事，可他們自己內心深處到底相不相信呢？實驗者在他們前往活動現場的路上安排了幾個捂著胸口暈倒的人，看他們會不會對這些人伸出援助之手。

而誰也沒有想到的是，結果令人震驚：因為大家停不停下來幫忙和讀沒讀過這個故事、參加什麼樣的活動沒有任何關係，只跟時間的緊迫程度有關。在時間最緊迫的人當中，只有10%的人停下來幫忙；在時間稍微寬鬆的人當中，有45%的人提供了幫助；而在那些時間充裕的人當中，有65%的人停下來幫忙了。

所以你看，你知道什麼，和你做什麼、說什麼以及想什麼，有時候是完全不一樣的。

很多時候，人們只會關心利益。

這也是我想告訴你的人性秘密：**當你看不懂一個人和他的所作所為時，你就看一下他參與的事件當中利益所在的地方。**另外一條被冠以人性之名的奧秘是：記住，**人們所說的一切都有可能不是真的。**大多數人都會有表裡不一的時候，如果你不能看穿他們的面具，就容易受到欺騙。所以請記住我的話：

不要聽別人怎麼說，要去看別人怎麼做，以此來分析他是怎麼想的。這才是掌控人性的方法。

再強調一遍：當你看不懂一個人的行為時，你可以思考一下利益在哪兒。當你想明白了利益在哪兒，你就能理解他的行為和思考模式了。你會發現這世界上很多人都是先在表面上搭一層幌子，然後把真實的利益藏在後面，而不會將其直接展現出來。他們說得再怎麼天花亂墜，其目的還是背後的利益。

一件事，當你想明白了利益在哪兒，一切就簡單多了。就像男人追求女人，不管嘴上說了多少甜言蜜語，買了多少好看、好玩、有用的東西，他是出於無私的奉獻，單純想讓女人開心嗎？不是的，他是為了換取女人對他的付出和愛。當然這種付出是人際交往的根本所在，並不能說這個男人虛偽，只是我們要看清這樣的關係本質而已，這樣在處理一些關係時就遊刃有餘了，不會過度自我，但也不要過度「無私」。還有一些業務關心客戶，他嘴上說了很多，你可能並不知道他為什麼表現得這樣親近。可是當你從利益角度去思考，一下子就懂了，因為業務此種行為的本質就是想成交。

很多時候你覺得人沒有被利益影響，那是因為利益還不夠大。我曾在網上看到一句話很有意思：夫妻不到離婚，看不到本性。父母不到病床，看不到孝順。朋友不碰利益，看不到人性。只有熟悉利益的方向，才能知曉人性的邏輯。恪守交易的本質去接觸人和事情，結局都不會太差。

我見過很多這樣的案例。有一次，我們舉辦同學聚會，有一個朋友在高檔社區買了一間房子。同學們表面上都誇著「恭喜，真厲害，以前就看你不一般，會有大成就……」但等他去上廁所，一個女生直接斜著眼說：「有什麼了不起的？裝什麼呀？」那一刻我笑了，這就是人性有意思的地方。當面一套，背後一套，說一套，做一套，想一套。所以，看人看事永遠不要停在表面。

你要知道，那些衣冠楚楚、西裝革履的人也可能會網暴別人，那些有著刺青、說話粗俗的人，也可能是心地善良願意救助流浪動物的人。就比如在同學聚會上，最拚命表現的可能就是混得最差的人。

當然，你也沒必要去抱怨，甚至看不起這些表裡不一的人。因為他們這樣做無非有這麼幾個原因：要麼是有社交壓力，要麼是出於自我保護，要麼是在社會角色中不得不去做這樣的選擇，要麼是自己內在，即自我認知和成長上出現了矛盾。

總之，表裡不一也不一定是負面行為，你也別對人性失望，每個人都有自己獨特的經歷和思考。

思考題

你遇見過表裡不一的人嗎？你自己有表裡不一的時候嗎？

09

利他行為動機實驗：人什麼時候會利他，什麼時候會自私？

說到人性，我們很多人想到的第一個詞就是「自私」。可是，為什麼有些人自私，有些人利他呢？

這裡我就要提到我特別喜歡的一本書，叫《人性中的善與惡》，作者是來自美國喬治城大學的心理學教授阿比蓋爾·馬什。這本書裡所講述的實驗都非常有趣。這本書只研究了一個主題，也是這一節我要跟你分享的主題：為什麼有些人自私，有些人卻利他呢？是基因變異，是教育問題，還是後天環境改變了一個人？

我還曾經看過一本英國社會學家理查·道金斯寫的書，叫《自私的基因》。這本書非常晦澀，裡面有大量來自生物學的案例，作者通過介紹這些案例，得出的核心觀點是：不單是人類，生物界所有生物的本性都是自私的。因為只有自私，才能夠幫助個體獲得更多的生存機會，讓個體的基因得以延續，這是自然規律，也是一個人沒有辦法避免的終極困擾。

可是你如果看自己身邊的人，你會發現有很多反例。比如那些熱心幫助鄰里的人、那些給貧困山區捐款的人、那些無償捐血的人、那些救助流浪動物的人、那些捐獻器官的人……這些人無私的行為被稱作「非凡利他行為」。那麼這種非凡究竟非凡在什麼地方？其實有三個方面：第一是被幫助對象跟幫助者並不認識，非親非故，他們甚至只是陌生人；第二是幫助者本身要承受一定的風險，不管是財務上的，還是身體上的；第三是這些行為往往超出了日常的道德要求。

那麼什麼情況下人會產生自私行為，而什麼時候人又會產生這種非凡利他行為呢？這事關人性的複雜之處，今天我就把這個問題跟你講清楚。先跟你分享一個故事。

有一個十九歲的女孩在午夜剛參加完聚會，駕駛汽車在美國的高速公路上飛馳，突然，車輛失控了。在高速公路上，這輛車在慣性的作用下猛地旋轉了幾圈之後突然停下，車頭正對準迎面而來的車流。你能想像嗎？在高速公路上你的車頭對準了車流，而且此時這輛車停在最內的快車道，又在深夜，車輛行駛的速度都極快。女孩知道自己此時面臨著生命危險，可是她的車根本發動不了。正在她手腳發抖、不知所措的時候，一個路人發現了她。這個路人在滾滾的車流中找到機會繞了過來，幫助她重新發動了汽車。然後又抓準一個機會，幫她開車穿越了好幾條車道，將車穩穩停在了路邊。在她驚魂未定想去找這個人問一下聯繫方式，感謝他的救命之恩時，這個人卻已悄然離開了。

我講的這個故事是一件真事，是阿比蓋爾・馬什十九歲時親身經歷的事情。這件事直接改變了她的人生方向。本來她在醫學院念書，希望自己成為一名醫生，後來她走上了心理學研究的道路，用一生的時間去研究非凡利他行為。

那麼，到底是什麼促使這位路人做出了非凡利他行為呢？當時他到底在想些什麼？馬什用很多實驗來研究心理學和大腦科學，希望通過實驗的方式來找到人做出自私和利他行為的答案。

馬什尋找了很多實驗群體，最終她找到了一個非常適合的群體——那些向陌生人捐獻器官的好心人。這些向陌生人捐獻器官的好心人很讓人驚嘆，因為他們並不是在死後捐獻自己的器官，而是在活著的時候就決定捐出一個腎臟。對於我們的身體來說，一個腎臟確實已經足夠支持身體運行了，但捐出一個腎臟也意味著抵禦腎病的能力會大大降低。所以絕大多數的活體捐獻者，他們的捐獻對象都是親人。可馬什研究的這些活體捐獻者，他們的捐獻對象不是親人，而是非親非故的陌生患者，且他們不收取任何報酬，甚至不會把名字告訴受捐者。這絕對達到了非凡利他主義的最高境界。

所幸，這些人都給捐助機構留下了完整的電話、姓名、性別等一系列關於個人的資訊。於是，馬什向這群人發郵件，希望他們可以成為自己實驗的志願者。一開始，馬什還有點擔心他們不會來，但結果出乎意料，不到一週的時間，整個實驗所需的十九位志願者全部來了。有些人甚至是從幾千公里之外的地方趕來的。他們為什麼對參加實驗如此熱心？其實這不難理解，因為他們連腎臟都願意捐給別人，這也證明了他們是一群心地善良、願意相信世間美好的好心人。他們相信自己參加這個實驗也能給這個世界帶來更多善心。

在實驗之後，馬什發現這一群人跟對照組比起來沒有任何的優勢，他們就是普通人。但他們的唯一區別是：他們對人類恐懼表情的識別能力遠遠超過普通人。而大腦的掃描表示，當他們看到恐懼的表情時，他們的大腦裡有一個部位明顯活躍了起來，就是他們的**杏仁體**。

什麼是杏仁體？就是你大腦下側位於前額皮層正下方，差不多就是你腦中眼睛正上方的一小部分。因為長得像杏仁，所以被稱為「杏仁體」。它雖然很小，但作用十分重大。它控制著個體的內分泌、運動、記憶等，個體對外部情緒資訊的識別反應也都與它有關。最重要的是，杏仁體和人類的恐懼認知直接相關。有了恐懼，人才會產生共情，產生共情，人就會傾向於幫助別人。

而大腦的掃描進一步表明：這群向陌生人進行活體捐獻的利他主義者的杏仁體比對照組要大8%，而且更加活躍。這就是為什麼他們看到別人的恐懼表情時，會特別感同身受，就像事情發生在自己身上一樣，迫切地想要去解決它。所以就算是面對非親非故的陌生人，哪怕自己未來可能會為此承受風險，他們仍然認為：「如果我不捐，這個人就會死去，我不能看到他臉上的痛苦和焦慮，我覺得我的做法理所應當。」正是這種共情和面對恐懼時不願捨棄的責任感，才讓他們做出如此令人敬佩的非凡利他行為。

雖然得出了結論，但馬什覺得這還不夠。於是她設計了針對另外一個特殊人群的實驗。她找到一群青少年，按照心理學的行為評定標準，他們已經具備了冷血特質，甚至很多人已經對自己的家人、朋友、同學、鄰居表現出了冷血和暴力傾向。馬什用幾乎同樣的方法測試他們，結果截然相反。

相比於對照組，他們對恐懼表情非常不敏感，而且通過大腦掃描發現，他們的杏仁體幾乎對恐懼表情沒有反應。馬什教授繼續做實驗，發現他們對憤怒、厭惡、快樂、悲傷的表情的反應都很清楚，但是對於恐懼，他們根本分辨不出，甚至不知道恐懼是什麼。

冷血病人的杏仁體比正常人要小20%左右——這個結果讓她得出了一個顛覆性的結論：冷血精神病的病因關鍵在於杏仁體的缺陷。這一結論也從另一方面表明了馬什對利他主義的研究成果。

我們所有的利他行為竟然是來自大腦中的杏仁體對恐懼的理解和共情。

這讓我想起了一個著名的實驗。有五隻懷孕的鼠媽媽，實驗者在牠們面前放了很多鼠寶寶，並讓這些鼠寶寶不停地掉下來。如果掉下來的是自己的幼崽，這些鼠媽媽會把牠叼起來，放到安全的窩裡。這非常容易理解。但是實驗證明，就算掉下來的並不是自己的幼崽，鼠媽媽依舊會毫不猶豫地出手相助。這個實驗持續了三個小時，最厲害的鼠媽媽連續做了六百多次救援，但依然精神抖擻。

我想起我外甥出生的時候，我們一家人都圍在寶寶身邊，盡最大能力照顧寶寶。他並不是我的孩子，可為什麼我會在那一刻具備超凡利他特質呢？對照這個實驗，我們終於可以明白，那是因為嬰兒的面孔跟恐懼之間存在緊密的聯繫。你想想看，你恐懼的時候，眼睛是不是會瞪得又大又圓，嘴唇會挑起來，下巴縮回去，甚至會哭。你看，這不正像是嬰兒最常見的面容嗎？這大概也是為什麼會哭的孩子有奶吃。如果你總是表現得很強大，別人就很難看到你的脆弱之處而心疼你。但是如果你能夠適當地示弱，像嬰兒一樣，你就會比較容易得到他人的幫助，因為這會激發出他們的利他之心。

我們每個人都有著正常的杏仁體，這是我們共情的基礎，也是人性中有善良一面的證據。

所以說，**很多情況下，我們不要把自己太強的一面展現給別人，因為這會讓你失去很多機會，失去很多幫助和支持**。在很多相處情境，尤其是兩性相處情境中，我們可以努力釋放出一些示弱的信號，讓對方利他的天性更好地釋放出來。

最後，我想再舉一個案例。一位患者由於後天疾病的影響，在十幾歲的時候，大腦的杏仁體受了非常嚴重的傷害。雖然他對人的恐懼表情和認知理解產生了嚴重的障礙，但他並不會對別人的痛苦無動於衷，而一直是一個慷慨且善良的人。那讓他逃脫冷血宿命的力量到底是什麼呢？答案是在他生病之前，他已經養成了積極健康的生活習慣。這讓他知道什麼是對的，什麼是錯的。後來就算他的杏仁體受損，他在環境中形成的習慣也足以讓他對抗生物學上的冷血。所以環境真的很重要。我一直跟大家講，環境的影響力是超過基因的，如果你有一個好的生活環境，你的一切都能變得更好。

這也是我們這節人性課中最核心的概念：**改善你的環境。**不過，有什麼辦法可以改善你的環境呢？

分享給你幾個辦法：

第一，用一切辦法改善你的經濟條件。一項關於美國50個州腎臟捐獻的調查表示，經濟條件越好的州，腎臟捐獻的比例越高。有時候人們的物質條件豐富之後，幫助他人的欲望才會變強，因為後顧之憂減少了。

第二，提高自己的文化水準。有一個實驗表明，閱讀小說越深入、時間越長，越能提高你的共情能力。為什麼呢？因為小說可以將你帶入人物的遭遇和情感中，讓你產生共情。電視跟電影不行嗎？也可以，但是帶入效果沒有小說好，因為其過於寫實具象，反而會影響你的思考和想像。所以讀好書，尤其讀一些足夠讓你產生情感共鳴和思考的優秀小說，能幫你提高你的利他水準。

第三，努力提高同理心。所謂提高同理心，就是要經常換位思考。比如我的姊姊經常跟我的兩個外甥說：「你們一定要換位思考，你想想看，弟弟被你撞一下疼不疼？你想想看，哥哥被你打一下難受嗎？」這樣引導之後，孩子會更容易體會到自己的行為帶來的後果，從而減少不好的行為。

所以，我想你知道了。人性並非非好即壞，一個人在某種狀態下可能會成為利他的人，也可能會成為自私的人。關鍵在於你的境遇和你內心的修煉，這會讓你做出不同的選擇。

思考題

你有過利他行為嗎？如果有，想一想，你當時為什麼會選擇這麼做？

10

霍桑實驗：人怎樣才能表現得更好？

這些年當老師，我發現一個很有意思的現象，無論多麼調皮的學生，只要你記住他的名字，經常叫他的名字，他的表現就會瞬間變好。甚至他會為此做更多的預習和複習，上課舉手和你互動，最後獲得成績上的進步。這究竟是為什麼呢？這也跟人性息息相關。

今天我來跟你分享兩個實驗，都非常有趣。第一個叫霍桑實驗。霍桑實驗很多人都聽過，這個實驗所得出的結論叫作**霍桑效應**，也叫**宣洩效應**。

1924 年11月，以哈佛大學的心理專家喬治·愛爾頓·梅奧為首的一個研究小組進駐了一家電器公司，這家電器公司叫作霍桑工廠。霍桑工廠很有名，它是美國西部電器的一家分廠。當時這個小組進駐的初衷是，試圖通過改善工作條件或者環境等外在因素，來提高工人的勞動生產效率，看看哪些外在因素可以讓工人們更好、更快、更有效地去勞動。於是他們選了工廠裡的六名女工作為研究對象，連續進行了七個階段的實驗。在這七個階段裡，每次都有一個變數發生改變，比如照明、薪資、休息的時間、午餐、環境等。他們想要據此推測出影響工人生產效率的因素。

很遺憾，這個實驗最終以失敗告終。不管外在因素怎麼改變，研究對象的生產效率都沒有提高，甚至沒有變化。這到底是為什麼呢？為了提高工作效率，這個工廠又請來了很多心理學家。在將近兩年的時間內，心理學家不斷找工人談話，談了兩萬餘次，很多還被記錄在案，他們耐心地聽取工人們對工廠管理的意見和抱怨，有些工人在談話時甚至會大聲喧譁和咒罵。而當他們讓工人們把負面情緒盡情地宣洩出來後，霍桑工廠工人的工作效率居然大大提高了。後來心理學家就把這種現象稱為霍桑效應。

從這個實驗中我們可以領會到：人的一生中會有數不清的矛盾、痛苦、期盼，但最終能實現和滿足的期盼，以及能解決的矛盾和痛苦卻為數不多。對於那些不能實現或者不能滿足的意願和情緒，我們千萬不要把它們壓制下去，因為這樣很容易讓自己陷入抑鬱狀態。而抑鬱狀態會讓自己的工作、生活效率都變得很低。所以，**你要千方百計地把不滿的情緒宣洩出來，**

這對於你的身心健康和工作效率的提高都很有利。所以你看很多時候，人很難堅守一個秘密，因為把秘密憋在心裡的感覺太難受了，但當他把秘密講出來的時候，他的心情、狀態都會好很多。

但是我今天想說的並不是這個實驗的結論，而是從霍桑效應得到的一個直接的啟示：**當一個人受到公眾的關注和注視時，他的學習和工作效率將會大大增加**。而這就是人性的秘密。

在歷時九年的研究和實驗中，學者們意識到，人不僅僅受外在因素的刺激，更有自身主觀上的刺激。從霍桑實驗本身來看，這六名女工被抽出來參加實驗的時候，她們就意識到自己成了一個特殊群體。她們雖然不知道自己為什麼被抽出來，但這說明自己一定是特殊的，於是，這種受關注的感覺讓她們加倍努力工作，以證明自己是優秀的，是值得被關注的。

我本人算是年少出名了，二十四歲就寫下了人生第一本百萬級暢銷書《你只是看起來很努力》。我之所以這些年能夠一直「開掛」，在任何領域做一些事兒都能有一些小小的成就，就是因為從二十四歲開始，我的微博粉絲從幾十萬迅速增長到四百多萬。我知道我的一言一行、一舉一動都被很多人關注。這種被關注、被重視的感覺，讓我做每一件事、說每一句話時都很慎重，從而付出更多的精力和努力，甚至我在每次準備演講時，都必須寫稿。因為我希望自己的優秀可以伴隨一代年輕人的成長。我並不是因為多麼優秀而被人們關注，而是因為被關注之後，我逼自己變得更優秀。這也就是關注的力量，也是霍桑效應給我帶來的啟發。

英文中，把「傑出的」叫作「outstanding」。把「outstanding」變成動詞的形式，叫「stand out」，可以翻譯為「脫穎而出」，更直接一點理解，叫「站出來」。可以這樣理解：就是當一個人站出來，被更多人看到了，他便具備了更多的發展可能，於是變得傑出。很多時候，我們並不是因為一個人優秀而注意到他，而是你先注意到他，然後他才開始變得優秀。

下面我來跟你分享另外一個實驗。在一所國外的學校裡，入學時會對每個學生進行智力測驗，以智力測驗的結果把學生分到普通班和資優班。結果有一次，這個學校犯了一個巨大的錯誤，在一次例行檢測時，把剛入學學生的測驗結果顛倒了——資優班的學生其實是測驗結果普通的孩子，而真正被測試為聰明和厲害的孩子卻在普通班。可是，有趣的事情發生了，一年之後，這批學生的課程成績竟然同往年一樣。資優班的孩子很優秀，普通班的孩子很普通。

這個實驗有一個非常重要的因素，就是學生們的智力測試結果並沒有被學生們知道，也沒有被家長們知道。所以家長和學生都以為自己的孩子本就應該是資優班或者普通班的，並沒有察覺到異常。原本普通的孩子被當作資優生對待，他們也就認為自己是優秀的了。而額外的關注加上心理暗示，讓這一群測試結果一般的孩子變成了常人眼中聰明的孩子。

所以我經常跟很多家長講，你不要總是罵孩子，要多誇他。不僅要誇他，還要以看全世界最聰明、最優秀的孩子的眼光去審視他，去和他互動。只有這樣，他才能感覺自己是夜空中最亮的一顆星。醜小鴨什麼時候能變成白天鵝？並不是通過努力去修煉，而是當有人真的認為牠是白天鵝時，牠才會變成白天鵝。

從這個角度，我們就可以理解很多明星、偶像——這些長期被人關注的人，為什麼會表現得越來越優秀，十分多才多藝。原因就是霍桑實驗所反映出來的道理：誇獎和關注真的可以造就一個人。

從自我的角度出發，**你認為自己是什麼樣的人，你就可以成為什麼樣的人。而你認為自己是什麼樣的人，多半是從旁人的角度得到了答案。**

我繼續把這個實驗延伸一下，告訴你當一個人從一群人中被挑出來時，他能有多麼強的自豪感。

1969年，兩位心理學家做了一項實驗，讓參加實驗的受試者聽到隔壁辦公室好像有一個女人從椅子上重重摔了下來，並且大聲呼喊：「救命啊，天哪！我的腳不能動……我的踝骨……這個東西我拿不開它……快來幫忙啊……」整件事大概會持續兩分鐘，實驗者觀察不同情境下受試者的反應。

第一種情境，受試者單獨在場，有70%的人會站起來去幫助那個不幸的人。第二種情境，事情發生時有兩個陌生人在場，注意是兩個人，結果只有40%的人去幫助那個不幸的人。第三種情境，受試者與一位態度消極的實驗助手在場，他對受試者說不用幫忙，結果只有7%的人去幫助那個不幸的人。事後，實驗者問他們為什麼不去幫忙時，他們都覺得這沒有什麼問題吧，其他人也沒幫忙，我為什麼要幫忙呢？

人都是喜歡從眾的，當一個人發現這件事情並不需要幫忙，並且身邊的其他人也沒有動手去幫忙的時候，那他自己大概是不會動的。

後來在1970年，有一位社會心理學家發現，如果有其他的旁觀者在場，會顯著降低人們介入一些緊急情況的可能性。在1980年之後，有近60個實驗研究比較了一個人獨自一人以及和他人在一起時的社會行為表現，其中大約90%的實驗都證明人們在獨自一人時更可能提供幫助。這其中還有一個實驗：發現在場的人越多，受害者得到幫助的可能性越小。

我們看過很多這樣的現實案例，當人們需要幫助的時候，明明周圍有很多人，但為什麼人們仍然無動於衷、冷眼旁觀呢？原因就是以上實驗所得出的結論，但還有另一個被我們忽視的因素，那就是受害者的求助方式錯了。如果我需要幫助，我會對著圍觀中的一個人大喊：「那個穿藍色衣服、白色球鞋的人，請你幫幫我。」實驗證明，當你指明一個人幫你時，你獲得幫助的可能性會大大增加。為什麼？因為當你指明對象的時候，這個人就被「突出顯示」了。被叫出來的時候，他註定要做一個「脫穎而出」的人。因為此時他正被人注目，所以他會拿出最好的表現回饋給我們。

我寫過一本書叫《人設》。你看到的是人設，我過的是人生。你看到的是我最好的一面，那麼我最好的一面如何能被人看到？就是當我站出來的時候。可是一個人想自主站出來是多麼困難，所以，當我們想讓對方表現出更好的一面時，我們就應該幫助他站出來，讓他以更好的一面去面對我們。只有這樣，我們才都能擁有更好的人生。

思考題

假設你現在要考研，或者你的孩子馬上要考試了，你該如何用霍桑效應幫助他，激發出他更好的一面呢？

11

街頭音樂家實驗：怎樣表現出更大的價值？

我的一個好朋友，請允許我不說出她的名字，因為她有點名氣，是某地作家協會的副主席，一查就能查到。

我沒看過她的作品，但是每次我們在一起吃飯的時候，她總能帶來非常昂貴的酒。

每次吃飯，她的飯桌上都是一群大人物，這些人都是我在普通場合見不到的。而且，她幾乎一年出一本書。我跟她的相識就是因為她有次出完書給我送了一本，然後問我能不能幫她推薦一下。基於對她的認識，我對她的作品品質也是很信任的，幾乎毫不猶豫地答應了。

直到我看了她的作品。

我在一個下午安安靜靜地看完了她的小說，整體感受就是一個字：差。說實話，她寫的內容真的不好。所以我感到很詫異，為什麼我會覺得她的作品一定很好呢？後來我明白了，那是因為她的身邊都是一些厲害的人，這些人的存在讓我覺得她很有實力，這個印象不只體現在我對她在經濟實力和人際交往方面的看法，還影響到了我對她其他方面能力的評估，再加上她曾出版過多部作品，以至於我在還沒有看她的書之前，想當然地認為她的作品一定非常好。簡單點說，就是因為她周圍的環境，讓我高估了她在某些方面的價值。

這也是我今天要跟你分享的關於人性的一個秘密。相同的東西放在不同的位置，它的價值是不同的。我用一句話來概括它：不同的人，處於不同的位置，往往能呈現出不同的價值。這也就是我們經常說的，垃圾是放錯位置的寶物。

我來跟你分享一個實驗，這個實驗的主角叫約夏．貝爾，是美國著名的小提琴家。有一天，他來到了華盛頓特區的地鐵站，準備在那兒演奏他的六首經典作品，預計演奏時間是45分鐘，他所用的小提琴，也是當今世界上最名貴的小提琴之一。

這個實驗是美國《華盛頓郵報》的一位資深記者策畫的，他之所以會邀請貝爾參加這個實驗，是因為貝爾是目前世界上最著名的小提琴家之一，他以精湛的演奏技巧和美妙的琴聲享譽世界。他十八歲就已經亮相於各大音樂廳，後來獲得葛萊美獎，還曾憑電影《紅色小提琴》中樂曲的演奏，獲得了奧斯卡最佳配樂獎。圈內人稱他為「Joshua plays like a god!」——像神一般的小提琴手。

在實驗開始之前，《華盛頓郵報》的記者和他的編輯們準備了很多詳細的備案，其中還包括萬一發生騷亂該怎麼辦？他們提前跟警方溝通好，甚至還諮詢了資深的音樂專家，讓他們評估一下實驗結果。這些音樂專家說，在1000個人裡面至少有30～40人能夠辨別出音樂的好壞，有75～100人可能會停下腳步，花一些時間去聽，甚至有幾個人可能會認識他。大家評估完之後，算了一個平均值，認為約夏．貝爾應該至少有150美元的收入。

他們認為，這種水準的演奏，放在任何地方都會有人停下來去傾聽。可是，在約夏．貝爾這45分鐘的演奏時間裡，一共有1097個人從他身前走過，但大部分人都沒有注意到他。表演進行到四分半鐘時，才出現了第一個把錢放進貝爾面前盒子裡的人，到第6分鐘才有一個靠牆聽了一會兒的聽眾，而所有經過的人當中，只有第7個人停下來的時間超過了一分鐘。

最後統計下來，有27個人給了錢，但是給完就走，沒有留下來。整場演奏下來，貝爾一共得到了32美元17美分。是的，很多人給的都是美分。有一個婦女還差點報了警，因為她覺得這個人在這兒拉琴，影響她做生意。直到她聽了一會兒，發現他拉得還不錯，才沒有報警。

在貝爾演奏完之後，沒有人鼓掌，甚至沒有一個人認出這位「街頭賣藝人」就是世界上最優秀的小提琴家之一。有趣的是，三天前他在波士頓交響音樂廳裡的演出，票價最少為100美元。值得一提的是，他演奏的那把小提琴就價值350萬美元。

我想你應該聽懂這個實驗所反映出的人性的秘密了：一塊石頭，它出現在菜市場、古董店和博物館的價值完全不一樣。同樣的，一個人出現在不同的城市、不同的公司、不同的圈子裡時，他的價值也完全不一樣。這就是環境的重要性。

我來北京之後，特別喜歡喝北冰洋汽水，我發現北冰洋汽水是一個非常有意思的「價值體現」的產品。它在超市裡時可能是三、四塊錢一瓶；如果你去稍微好一點的餐廳用餐，再買它可能就需要十塊錢了；如果你去北京飯店或者崑崙飯店，同樣一瓶北冰洋汽水，二十五塊錢你也會買。為什麼同樣的商品在不同的地方價格不一樣呢？這就是市場規律。人也是一樣，你在不同的地方所展現出來的價值也是完全不一樣的。

我的第一本書叫《你只是看起來很努力》。當時我把這本書交給了一家出版社，這個出版社的編輯是我通過很多人的介紹才找到的。我那時還在新東方當老師，根本不知道出版行業的規矩，也不瞭解出版一本書到底需要經過哪些步驟。我把稿子交給他之後，他看完說這個作品想要出版的話需要自費。

我聽後非常失落，因為我肯定是認同並喜愛自己的作品才想要把它出版的，但是我還是決定準備錢進行自費出版。可是他把我的作品改得亂七八糟，說我的作品很多地方不符合主流價值觀。

就這樣，我把稿子拿了回來。後來我對比了我手上的資源，把稿子交給了另一家出版社。最後，這家出版社將這本書整整銷售了100萬冊。我也終於明白，位置不同，價值不同，結果自然不同。

這就是我鼓勵年輕人去大城市工作的原因。因為當你的舞台更大，你的表現機會更多，你的發展可能性就會更大。我經常會反思，如果我回到了家鄉，可能我的寫作能力沒有發生變化，未來我可能會成為一名編輯。但當我來到了北京，認識了這些寫作圈的朋友，我才有機會成為一位作家。這種變化的本質，就是所處環境的不同。

講回我的那位作家朋友，為什麼她出來聚餐時總是帶著茅台，且邀請這些大人物出席呢？因為她非常清楚，她需要把自己放在一個更高的圈層裡，只有這樣她才能夠讓別人知道她是一個有能力的人，從而讓別人覺得她是一位優秀的作家。這就是人際交往的邏輯和規律。

所以，**你要跟厲害的人交朋友，要讓自己看起來更有價**

值，只有這樣，你在別人的眼裡才更有價值，你的生活才會越來越好。但你也要明白，並不是讓你去「混圈子」，因為當你自身能力不夠的時候，你是不可能有機會接觸到那些厲害的人、事和物的，這時不管你怎樣努力，你所做的社交也都是無效社交，就算你獲得了對方的聯繫方式，給對方發了訊息，他也不會回覆你，你跟他頂多也只是「按讚之交」。所以改變環境的關鍵在於，先讓你自己變得更好。

如何讓自己變得更好、更有能力呢？對於我們普通人來說，**一個好方法是讓自己有一技之長，這可以成為你打開新的社交關係的敲門磚。**

而當你有了一技之長，能力變強的時候，請記住兩句話。

第一，去跟厲害的人交朋友，看他們怎麼生活，試著將他們展現在你的交往圈子裡。第二，一定要遠離那些負能量的人。只有這樣，你才不用拿一把350萬美元的小提琴在地鐵站裡演奏。

思考題

你覺得你現在所處的圈子有利於你表現自己的價值嗎？

第三章

人際關係中的底層邏輯

12

海島文學實驗：
你應該交什麼樣的朋友？

終於來到本書的第三部分。在這裡，我想跟你分享人際關係中的底層邏輯。這是人性的重要組成部分。

很多讀者之所以選擇讀這本書，就是特別想瞭解人。這是非常重要的。想要瞭解這個世界上人際關係的運轉規律，你就必須從研究人入手，瞭解人心，瞭解人性。

有一本對我影響很大的小說，這部小說來自諾貝爾文學獎得主威廉・高汀，我讀完後久久不能平靜，這部小說的名字叫《蒼蠅王》。很多作家在經歷了「一戰」「二戰」之後，寫出的都是現實主義題材的作品。而高汀不一樣，他寫的是關於一群孩子的寓言故事。高汀通過一群孩子在一個小島上發生的故事，從底層探討了人性的善惡。

這個故事設定發生在未來第三次世界大戰中。在一場核戰之後，幾乎所有的大人都被炸死了。只剩下一群六到十二歲的兒童。但在撤退途中，因為飛機失事，他們被困在了一座荒島上。

像美劇《LOST檔案》，講的是人們被困在一個島上的故事。在島上，因為沒有規則、沒有食物，只有拳頭，人的獸性就爆發出來了，所以迫切需要人們重新制定規則，約束獸性。

「蒼蠅王」是「lord of the flies」的翻譯，最先來自希伯來語，是「醜惡、萬惡之首」的意思。其中，「flies」就是蒼蠅的意思，那「蒼蠅之首」是什麼？答案是人性之惡。

這群男孩大約有三十個人，最小的男孩才六歲，最大的也不過十二歲。最先出場的人物叫雷爾夫，他和一個胖胖的、有哮喘病叫「小豬」的孩子首先相遇了。雷爾夫撿到了一只很漂亮的海螺，他把它像號角一樣吹響，孩子們聽到了海螺聲從四面八方聚集到了他的身邊，其中最引人注目的是一隊穿著唱詩班制服的孩子。聚集過來的孩子雖然很狼狽，但這一隊唱詩班的孩子在班長傑克的帶領下，竟然保持著良好的秩序。兩個主要人物就這樣見面了。雷爾夫和傑克：一個拿著海螺，身材高大，有高超的智力；另外一個有著極強的領導力，帶領著一群唱詩班的孩子，有超強武力。他們誰會成為這群孩子的領導者呢？

值得一提的是，這幫孩子落到島上後，第一反應並不是害怕，而是開心地想著終於沒有人管我了。所以他們覺得，既然沒有管束了，就該自己管自己了。但他們還是需要一個「老大」，於是他們開始選舉自己的首領。孩子們你一言我一語，覺得應該選那個拿海螺的孩子，因為是他把大家召集起來的，所以他們選了拿螺號的雷爾夫當首領。但這一選擇，一下子把傑克給得罪了。

當選為首領後，雷爾夫做了如下事情：

第一，點一個火堆，保證島上白天有煙升起來，這樣來往的船隻如果看到，他們就得救了。於是他用小男孩「小豬」的眼鏡，借助太陽光生起了火，點燃了島上的第一把火。

第二，雷爾夫帶著大家制定了各種規則，比如哪些孩子值班，哪些孩子收集淡水，哪些孩子採野果，還有晚上大家在哪兒睡覺，在哪兒上廁所。

第三，雷爾夫開始籠絡傑克，因為他看出傑克對他的敵對之心，所以兩個人必須把關係搞好，如果不把關係搞好，傑克很可能帶著一幫人「造反」。所以接下來，雷爾夫邀請傑克參加打獵活動。傑克在打獵的時候利用不同顏色的塗料，把一邊的臉頰塗成白色，一邊塗成紅色，還用木炭從右耳根到左下巴畫出了一條黑色的線。這樣一種偽裝性的裝扮，讓他和他的團隊開始在打獵中佔據優勢。他們用自製的標槍圍捕野豬，給大家提供了美味的肉食。

本來按照這些規則，他們可以很穩定地生活。誰知這個時候起了風波。島上的林子裡總有一些奇怪的鳥叫聲和風聲，大家都說這是怪獸的聲音，所有人都嚇得要命。這時候雷爾夫和「小豬」安撫大家，說我們都學過，這世界上沒有怪獸，「小豬」還給大家做出了科學的解釋，說這個島上的生態系統很簡單，最多只有野豬，不可能有怪獸。

可是孩子們聽不進去，因為幻想的威力是巨大的。此時傑克站了出來，他給出了一套完全不同的解決方案：擊敗它！他把木棍削尖作為武器，要帶著大夥兒到森林裡去和怪獸戰鬥。很多小孩一聽，覺得還是傑克厲害，就跟著傑克走了。而雷爾夫堅定地說得有人看著火，不能讓火熄滅。這個時候，孩子們的意見開始出現了分歧。傑克帶著一部分孩子去森林裡尋找怪獸——可是根本沒有什麼怪獸，最後找到的所謂「怪獸」其實就是一具腐爛的飛行員的屍體。但在尋找怪獸的過程中，孩子們越來越大膽，在傑克帶領團隊獵殺了一頭野豬之後，他命人把一根木棍兩頭削尖，一頭插進石縫，然後把野豬的頭掛在木棍上——他們用這種方式來展示他們的強大力量。

雖然沒有找到怪獸，但在追擊怪獸的時候，傑克很勇猛，跟著他的孩子們也開始變得瘋狂了。

傑克把獵殺的野豬烤了，把肉分給大家吃，肉的香味飄到了雷爾夫那兒。這幫留守的孩子吃了一個多月的香蕉，烤肉香味一飄過來，孩子們就都湧到了傑克那邊。沒有什麼事情是一頓烤肉解決不了的，如果有，就吃兩頓。這下子，傑克聲望大增，只有少數幾個孩子還跟著雷爾夫。

人們一旦開始釋放野性，理性很快就會蕩然無存。當然，雷爾夫還是理性的，他關心的是篝火，因為篝火不滅，總會有被救的機會。可是維持篝火並不容易，他需要專門的人力成本，而這些人也是狩獵隊的傑克所急於招攬的。所以有一個選擇擺在了其他孩子的面前：是選擇長遠利益維持住篝火跟著雷爾夫，還是保證短期利益跟著傑克有肉吃。如果少吃肉或者吃不上肉，每天的日子都很難挨，就算篝火被保護得再好，但什麼時候才會被其他船隻發現呢？可如果為了吃肉而犧牲篝火，就相當於徹底放棄了獲救的機會，他們要在島上生活一輩子嗎？這顯然更讓人無法接受。怎麼辦？此時人性的力量開始慢慢展現——要選擇即時滿足還是延遲滿足，可是如果一個孩子選擇了延遲滿足，其他小夥伴卻選擇了即時滿足，那麼他該怎麼辦呢？

局勢變得越來越緊張，直到傑克一夥偷襲了雷爾夫的陣地，偷走了「小豬」的眼鏡——那是島上唯一可以生火的工具，孩子們的關係才徹底陷入了混亂。

雷爾夫這邊只剩下了四個人，他們去找傑克理論，結果其中一對雙胞胎兄弟被俘，在受過了一頓拷打之後也投奔了傑克。最後只剩下雷爾夫和「小豬」在一起。

雷爾夫一氣之下去責罵傑克，說傑克非常野蠻，可傑克懶得跟他廢話，上來就推了雷爾夫一把。雷爾夫沒有還手，因為他認為自己是一個文明人，不是野蠻人。可是傑克的手下一看，雷爾夫這麼軟弱，於是他們開始朝雷爾夫和「小豬」扔石頭，兩人一邊退一邊躲，一個不小心，「小豬」落到了懸崖下面，摔死了，海螺也被摔碎了。這一下，全部亂套了。

他們一看有人死了，之前自己手上沾的是豬血，現在沾的是人血了。人性惡的開關一下子被打開了。傑克大喊一聲：「跟我來，殺『野豬』，放他的血！」所有人都衝了出去，但他們追殺的不是野豬，而是雷爾夫。雷爾夫急忙奔逃，躲在了樹林裡，傑克為了逼他出來，放火燒了森林，整個小島成了一片火海。雷爾夫這時才不得不相信，傑克一黨是真的要殺了自己。獵手們全部像傑克一樣把顏料塗滿了臉頰，高歌狂舞，反複唱著殺野豬的歌，而他們圍捕的野獸竟然是他們曾經的同伴，是和他們一樣來自文明社會的孩子。那麼這一群來自現代文明社會的孩子，是什麼時候失去了人性的？

小說的後半部分，高汀描寫了一個很經典甚至很嚇人的超現實情節。之前提到過，孩子們在營地門口曾用一根削尖的棍子掛上了一個被砍下來的豬頭，現在上面已經落滿了蒼蠅，看著很嚇人。有一天，一個小男孩靠近那個腐爛的豬頭時，蒼蠅中的蠅王說話了。

蠅王問：「孩子，你想知道你們為什麼會落到這步田地嗎？」

小男孩嚇壞了，說：「不知道。」

蠅王說：「因為我呀。」

小男孩說：「你是誰呀？」

蠅王說：「我就是你呀。」然後發出一陣狂笑。小男孩嚇得暈倒了。

是啊，萬惡之源，就是每一個瘋狂的孩子。

直到最後，獵手手持削尖的標槍找到了雷爾夫。雷爾夫摔倒在海灘上，不停地打滾，然後趴下來，舉起手準備求饒，他知道自己可能要死了。可是預想中的悲劇並沒有發生。雷爾夫搖搖晃晃地站起來，準備經受更多的傷害時，他看到了一名海軍軍官和他身後的一艘快艇。

是森林大火引起了英國軍艦的注意，他們登岸了，救援者終於出現了。

故事戛然而止，但我久久不能平靜。很長一段時間裡我都在思考一個問題：明明是一群很好的孩子，為什麼在沒有規則的情況下他們會變得如此瘋狂？

直到我開始寫這本書的時候，我才知道，這就是人性：如果沒有規則，孩子更容易變成烏合之眾，爆發出更強烈的獸性。

所以這個故事能給我們關於人性的什麼啟發？

太多了。我們來分析一下，為什麼這麼多人會選擇跟著傑克？因為傑克給了大家一個雷爾夫沒辦法給的目標——擊敗怪獸，這是精神上的振作；傑克還給了大家雷爾夫給不了的物質需求——肉，這是身體上的滿足。

這也是我後來慢慢明白的道理。如果你想要跟一個人交朋友，那麼你也需要做到兩條：第一，和他制定一個共同的目標，創造彼此精神上的連接；第二，能給他一些物質上的好處。這就可以了。比如，無論是殺野獸、吃肉，還是維持篝火不滅，都是一個目標，孩子們在這樣的目標下走進了同一個陣營，成了夥伴。但是請注意，完成這樣一個目標的朋友都是暫時的。

為什麼會這樣？那是因為他們有的只是短期的目標，吃完肉，肉消化完，他們就要去尋找下一隻野獸。可有那麼多野獸嗎？沒有。所以當野獸被獵殺完了，他們就會從合夥人變成拆夥人。

可為什麼有些人可以成為長久的朋友呢？那是因為他們有著共同的長遠目標，比如希望篝火永不熄滅，直到等來救援。這表明，是共同的信仰和堅持讓彼此成為長久的朋友。

所以，我們在尋找創業或者其他夥伴時，應該去選擇能跟自己長期做朋友的人，這樣我們才能持續成長。**短期目標所維持的，往往只是利益關係，很難長久。**

另外我還發現，一些有意思的事情能夠讓人們成為朋友。

但這種朋友不單單是朋友，還是一種非常極端的共同體。比如：當你們有共同的敵人——無論是真實的還是虛幻的；當你們有共同的迫切的需求——無論是物質的還是精神的；當你們有了同一位非理性的領導——只剩下情緒的引導。這三點，在任何時候所促成的「朋友關係」，都只是烏合之眾，所導致的結果都只能是悲劇。

而《蒼蠅王》這個故事中的悲劇，很大程度上也與這三點相關。

第一，孩子們有共同的敵人，就是大家想像中的那個怪獸。後來，那個怪獸慢慢變成了雷爾夫。

第二，他們有基礎的迫切的共同需求，那就是吃肉。吃肉是一個埋在我們基因裡的東西，那代表著欲望，與權力密切相關，我們的基因迫使我們跟隨有肉的人。

第三，就是有一個共同的非理性的領導。傑克告訴孩子們，你們之所以沒有肉吃，是因為有怪獸、有雷爾夫，幹掉它、幹掉他，你們就可以得到肉。

這是一本寫給成年人的小說，它讓我重新思考了自己交朋友的理念。

當你的目光裡只有吃肉，你可能看不到篝火。當你只有短期的賺錢的渴望，你會發現你交的朋友可能就和錢有關。他們不會陪你走得更遠，因為一旦你沒有錢了，他們也就作鳥獸散了。**但當你看著滿天星河，你就能和小王子成為朋友。**

我想到了另外一本小說，叫《大亨小傳》。我想起當蓋茨比死去之後，竟然沒有一個人去收殮他的屍體。只有故事裡的「我」把蓋茨比埋葬之後，默默地離開了紐約。那種感覺，十分令人寒心。

不過回頭想來，這不就是人性嗎？**因為錢聚集起來的人，也會因為錢而離開；因為感情和未來聚集在一起的人，感情還沒結束，未來還在路上，也就不容易說再見。**

思考題

如果你在故事裡，你會投靠誰？

10

馬斯洛需求層次理論：人性需求的最高層次是什麼？

說到關於人類需求的研究，不得不提到一個人：亞伯拉罕·馬斯洛。他是20世紀50年代人本主義心理學的主要創始人，也被人稱為「人本主義心理學之父」。他最有名的理論就是需求理論，從需求層面把人性做了分層。

馬斯洛創立的人本主義心理學的最大特點就是以人為中心，強調人的本性和正面的價值，提出了要以最優秀的人作為研究對象。而在此之前，心理學研究得最多的是心理變態者、精神病患者，或者在實驗中用小白鼠作為研究的對象，而不是人。馬斯洛的人本主義心理學，形成了心理學的第三思潮。

本節，我們就來探討人性的需求層級。

在研究人類需求時，馬斯洛的落腳點是人類需求中最本質的東西，包括吃飯、睡覺、性愛這些淺層的欲望，除此之外，還有哪些是刻在人類基因裡的、最本能的需求呢？最後馬斯洛歸納出了五個層次的需求，它們就是生理需求、安全需求、歸屬需求、尊重需求和自我實現需求。

這五大需求剛好組成了一個金字塔，從下到上，一層接著一層。他認為這五大需求就是人類天性中最為本質的一部分，因為有了它們，人性才被彰顯了出來。

馬斯洛認為，人的需求是連續不斷並且沒有休止的，一個需求被滿足之後，另一個需求會立刻出現並取代它的位置，就像金字塔從底端到頂端的延伸。人類可能永遠不會徹底滿足，直到你完成了自我實現。

第一個需求叫生理需求，就是吃喝拉撒睡和性愛的需求，人類需要通過滿足這些需求來維持體內的生理平衡。這些需求所針對的基本對象就是食物、水、異性。生理需求是人類最基本的需求，一個人如果連溫飽都解決不了，是不可能去追尋偉大理想的，就像一個長期飢餓的人，你跟他說接受教育對他的人生有重要意義，他肯定聽不進去，也沒有餘力去思考這些，因為他連飯都沒有吃飽。他當下最大的渴望就是先把肚子填飽，再去談夢想。對於我們來說也是這樣，我們能安穩地在學校中學習，肯定是建立在生理需求被滿足的基礎之上的；而當我們進入社會，可以賺取賴以生存的收入時，我們首先要解決的也是生理需求，就像沒有人願意做一份薪水連肚子都填不飽的工作。

當一個人解決了生理需求，就會開始尋求安全需求。所謂安全需求，就是保證自己擁有免於受到驚嚇的力量和權利，是對一種井然有序的外部環境的需求。比如我們喜歡穩定的工作，喜歡給自己買保險，喜歡讓自己的每一天都過得有規律而非狀況百出，喜歡能夠看到熟悉的人，做熟悉的事情，這些都是對於安全感的需求。這也就是為什麼很多女生相親的時候會說，我特別想找一個讓我有安全感的男朋友，因為她們希望能滿足自己的第二個需求——安全需求。

當一個人的安全需求被滿足，他就會開始尋求第三個需求——歸屬需求——的滿足。還記得我的父母剛來北京時，會每天早上十點鐘準時來我家。來了一個多星期之後，我的父母開始改造我的房子了。我父親把我所有的書架跟衣架都修整了一遍，我母親把她最喜歡的烏龜也拿到了我家裡。一開始我沒明白他們為什麼要這樣做，後來我明白這就是歸屬需求了。因為我在這裡，我父母覺得他們自己也歸屬這兒，所以會把這裡按照他們喜歡的方式去調整。

這裡所說的歸屬需求，基本就是指對於友情、愛情等情感的需求。在滿足了基本的生理需求和安全需求之後，人們會強烈地感到孤獨無助，這時他們需要找到屬於自己的群體。

比如和親人、朋友、同鄉、同學等進行情感聯絡。我自己就在最無助的時候去參加過很多同鄉會，渴望找到屬於自己的團體。很多合群的行為，也是在這一需求的驅使下做出的。

當你合群之後，你又會產生一個新的需求。這是因為有了團體的庇護還不夠，你還需要群體中的個體給予你尊重和重視，這就是更高一級的需求——**尊重需求**。這也是人性中一個必不可少的需求。所謂尊重，就是其他人對你有高度的評價，正視你的需求。這種需求會增強人的信心，使人的自卑感消失。這就是為什麼很多醫生、律師、知名作家特別喜歡出席一些活動，因為他們每次出席活動，都能享受到一種社會和他人對他們的尊重。所謂「士為知己者死」，在很多人看來，尊重的重要性甚至大於生命。當你加入了一個群體卻不能在其中感受到尊重，那你的加入還有什麼意義呢？

最後，也是金字塔最頂層的需求，叫作自我實現需求。所謂自我實現，就是人對於自我發揮和完成的欲望。它是一種傾向，讓自己的潛力能夠發揮，使自己成為獨特的人，成為他所能成為的一切。這是典型的存在主義的根基——**你可以成為任何你想成為的人**。換句話說，自我實現就是一個人能夠成為什麼，而他就應該去成為什麼。

這就是人類需求的奧秘。從生理需求到自我實現的需求，從低到高排列。人們不會因為獲得了一種需求就感到滿足，因為需求是逐漸昇華和發展的。一旦人們的某種高級需求長時間得到了滿足，比如獲得了認可和價值感，高級的需求就會變得「獨立」，讓人不再依賴低級的需求，甚至會鄙視自己曾經引以為傲的低級需求的滿足。

對於大部分人來說，很多需求都只是某種程度上的滿足，高層次的需求很多人終其一生都無法徹底滿足。但是，當你弄明白人的需求是不斷地、無休止地出現的，一個需求被滿足，另一個需求會迅速出現並替代它之後，你就會慢慢明白為什麼很多人會有各種各樣奇怪的需求，甚至這些需求之間存在矛盾，那是因為人們在滿足更高一級的需求之後，思想也會發生變化。而這些需求的本質都是通向四個字——自我實現。所以不要去諷刺那些還在溫飽線上掙扎，沒有安全感或者歸屬感的人，因為他們還在努力。當他們不斷滿足自己的需求時，你會發現他們也和你一樣，都在朝著自我實現的道路前進。

那麼，我們應該如何獲得自我實現呢？馬斯洛給了我們幾條很關鍵的建議，我結合我的經歷做了一個總結：

第一，產生心流並忘我地工作。越長大，我越羨慕小孩子，他們在玩一件玩具、做一個遊戲時，那種全神貫注、忘掉一切的感覺，是我現在很難達到的狀態。這就是小孩子的自我實現和「高峰體驗」。但我們越長大，越難以進入這種忘我的狀態，這種忘我的狀態也就是我們現在所說的心流——忘記一切周邊的事物，呈現出一種孩童般純潔無瑕的狀態。我每次在寫作、備課的時候，最容易進入這種狀態，感覺身邊所有的人和聲音都消失了，只留下了我在文本中追求理想，這的確是很幸福的。

第二，持續成長。你的生活中充滿了選擇，每次選擇都有前進跟後退。自我實現的過程就是把每一次選擇都變成成長，而不是想著我還有後路，我還可以退縮。我曾寫過一本書，書名叫《你沒有退路才有出路》，就是鼓勵每一個人不要總給自己找退路，人只有不顧一切向前衝的時候才可能爆發出更強大的力量，體會到自我實現的感覺。我的理解是：當你每一天都沒有進步，這就是一種內耗；但是當你每天都在進步，生活裡充滿希望，你也就接近了自我實現的階段。

第三，保持真實。保持真實其實很難，比如當你談戀愛的時候，你肯定會極力表現出自己的優點，甚至沒有某方面的優點時還要去偽裝出有那種優點。但是一個自我實現者的戀愛表現正好相反，他能夠消除對方眼中戴著濾鏡的自己，告訴對方「我確實有一些缺點」。這些缺點雖然讓對方一開始很難受，甚至會拒絕他，但是他仍然會不斷地展現出真實的自我。這真的很難，但久而久之，它一定是有利的。因為一個人無法接受你的缺點，就無法享受你的優點。那些不停偽裝的人，需要用一個謊言去彌補另外一個謊言，最終只會讓自己陷入深深的無奈感中，到頭來等偽裝被撕下，便只能受到徹底的拒絕。這種偽裝的需求並不是你真實的需求，也不會讓你實現自我，只會讓你變成一個自己都討厭的人。一個連自己都討厭的人，也註定不會得到別人的喜歡。

第四，要有勇氣。這裡的勇氣並不是魯莽地去做一些事情，而是要敢於和別人不一樣。有一本書叫《被討厭的勇氣》，書裡說，當你敢於做自己，敢於變得不一樣的時候，你就具備了被討厭的勇氣。因為只要你表達出跟別人不一樣的觀點，你就一定會有敵人，就會被人討厭，但請你堅持做自己，因為只有堅持自我，你才有機會成為一個真正獨立且可以實現自我價值的人。這才是自我實現。

第五，要追求高峰體驗。所謂高峰體驗，就是在自我實現的那短暫時刻中所獲得的情緒體驗。你要發現自己不善於做什麼，然後去規避它；發現自己的潛能是什麼，擅長做什麼，然後創造條件讓自己擁有更多成功時刻的高峰體驗。

馬斯洛有一本書叫《人性能達到的境界》，這本書的核心理念就是高峰體驗。馬斯洛從自我實現者那裡發現，他們常常能感受到一種特殊的經歷，就是一種發自內心深處的滿足，一種超然的情緒體驗。就像他們站在高山的頂峰，經過一路的辛苦終於看到了成果，他們興奮地大哭和大笑，繼而覺得心胸從未這麼豁達和寬廣。這種感覺很難用言語來形容，但極其深刻。

馬斯洛發現，很多成功人士身上都有這種高峰體驗，他們說這種體驗照亮了他們的一生。這些美妙感受有的來自大自然，有的來自藝術，有的來自商業上的成功。最直接的案例就是，一個女人在懷孕十個月生下孩子之後，第一眼看到孩子，那種深深的注視，以及內心湧現出的混合著滿足、欣慰的快樂感受。人們在高峰體驗中會喪失時空感，達到忘我的境界，比如一個藝術家在創作的時候、一個醫生在做手術的時候、我在創作這本書的時候……

《聖經》裡有一個人物是猶太先知，叫約拿。他一直渴望得到神的重用。有一天，神終於派給他一個光榮的任務，但此時他開始逃避這個任務，他一直東躲西藏，非常遲疑，不願意接受任務。為什麼呢？心理學中我們把它稱為「約拿情結」，指的是刻意去躲開發揮自己最佳潛能的機會，害怕仔細設想自己有可能達到的最高可能性。這是人的一種非常矛盾的心理，就比如你明天要去見你的偶像，你甚至有機會跟他一起交談，但是你害怕得睡不著覺，最後你決定不去了。人們總是帶著軟弱、敬畏和恐懼的心理，在這些偉大的時刻面前顫抖，害怕無法呈現出自己最完美的樣子。這就是約拿情結。

為什麼會這樣？其實還是因為我們大多數人都不夠堅強，不夠自信，不敢承受太多。高峰體驗實在是太令人震撼了，也太耗費人的精神了，因此處在這種極樂時刻的人往往會說我當時真的很幸福，但我有點承受不了。

令人發狂的幸福感不會長久，因為多巴胺如果分泌太多，也是一種傷害，當然我們大可不必有什麼顧慮，人的一生是短暫的，我們總要努力變成更好的樣子。你的一生需要有高峰體驗的時刻，用盡努力去到達實現自我價值的瞬間，這種體驗如此短暫、如此珍貴，卻會讓你用一生去回味。

思考題

你的人生中有過高峰體驗嗎？如果沒有，你打算怎樣實現自我價值獲得高峰體驗？

14

米爾格拉姆實驗：怎麼去防範PUA ？

我剛進入影視行業的時候，認識了一個「前輩」。這個「前輩」談所有的合作都喜歡在飯桌上，而且每次喝點酒就發脾氣。他一發脾氣，現場所有的製片人、導演、編劇都不敢說話了，只能聽他說話。我跟他有業務往來，平時也見不上面，只能在飯局上見，這導致我很長一段時間去赴他的酒局之前，都倍感緊張。因為不想去，而且去了又輕易走不了，每次他必須自己喝開心了，講高興了，我們才能找機會離開。這也導致我在酒桌上，醉醺醺地簽下了好幾份「不平等合約」。

但後來，我跟這個「前輩」成了好朋友，他在我面前也沒了所謂的威勢。原因是有一次他讓我對一件事情進行表態，我正在猶豫的時候，他對我破口大罵：「猶豫什麼，你就應該這麼選！」

但我那天沒有在他的威勢下屈服，而是心裡冒出了一股勁兒，我直接站起來就走了。不承想，從那以後我便不怕他了。而我之所以不怕他，也不只是因為這次「反抗」，還因為我又認識了一些其他在這個行業裡有一定地位、能幫上忙的好朋友。於是，我便明白只要你的知識面和交際圈更廣，你就能有更大的勇氣來拒絕別人。

我也忽然明白，當你遇到一件事情，對方以權威感把你牢牢控制在手掌心時，你瞭解所有資訊都只能通過他。這就像沒有手機和網路的年代，村裡那些德高望重的老人，就會有一種讓人信服的威嚴。但在網路時代來臨之後，每個人都有更多機會瞭解世界，對某些群體的盲目信任也降低了，我們有了更多自主選擇的權利。

我總是覺得在這個時代裡，每個人都有選擇的機會，而當你面對一個看似無從選擇的環境時，你的最後一項選擇就是離開。永遠不要讓他人把你控制在他所創造的暴力情境中，這種暴力情境就是PUA的本質。

所謂PUA，就是你感覺全世界只有他對你好，無論他怎麼對你，你都覺得他是為了你好，讓你感覺你不能沒有他。

PUA一定具備這幾個特點：**第一，資訊單一；第二，資訊源單一；第三，潛移默化的強迫；第四，也是最重要的——權威感**。在對方的PUA之下，你會感覺你人生中所有被認可和將要被認可的東西都來自他，你感覺除了他之外，你別無選擇。

20世紀60年代，耶魯大學一位叫斯坦利·米爾格拉姆的教授想探究一下人們對權威者指令的服從程度，測試一下他們會不會在權威的壓迫下服從某些錯誤的指令，哪怕這些錯誤指令會對人造成傷害。

實驗小組招募了一批志願者，這些志願者每個人將獲得4.5美元的酬勞。他們來到耶魯大學，被帶進了學校的一間地下室內。實驗人員告訴志願者，這個實驗是關於體罰對於學習效果的影響的，志願者需要抽籤決定扮演「老師」還是「學生」。但實際上每一個志願者抽出來的都是「老師」，扮演「學生」的是一些雇來的演員。接下來，「老師」和「學生」會進入不同的房間，兩個房間之間有一堵薄薄的牆。每個「老師」都會有一名實驗人員跟隨，就坐在「老師」後面。實驗人員給了每個「老師」一個控制器，並且告訴「老師」控制器連接著「學生」房間的電擊器，只要按一下控制器，隔壁的「學生」就會被電擊，電壓會從45V一直升到450V。

然後實驗小組給每個「老師」一張試卷，上面列出了一些搭配好的單詞，「老師」會逐一朗讀這些單詞，給配對的「學生」聽——請注意，「學生」是雇用的演員。在朗讀完畢之後，「老師」開始對「學生」進行測試，「學生」需要選擇和每個單詞配對的選項，如果答對了就通過，如果答錯了，「老師」會按一下控制器的按鈕，對「學生」實行電擊懲罰。答錯的次數越多，電擊的電壓也會越高。而大家應該都明白，450V的電壓是會電死人的。

但實際上，「學生」沒有受到電擊，但會根據電擊的變化做出不同的反應，比如說出一般疼、很疼、極度疼之後甚至咒罵、尖叫等。當電壓升到一定程度時，「學生」甚至會敲打牆壁，裝成口吐白沫、暈過去的樣子。當「學生」出現這種強烈反應的時候，「老師」——也就是志願者——肯定會想要終止實驗，但是接下來才是這場實驗最重要的部分。實驗人員會用四句話督促他們：第一，請繼續；第二，這個實驗是你必須繼續的；第三，你的繼續是必要的；第四，你沒有選擇，必須繼續。如果經過四次督促之後，這個「老師」還是希望停止，那實驗才會停止，否則實驗會繼續進行，直到「老師」把電壓提升到最高電壓。

結果是，40位扮演「老師」的志願者，有三分之二的人完成了全部測試的題目，並且都按下了代表最高電擊強度的按鈕。換句話說，我們每個人都有對權威的服從心理，哪怕這個權威者代表著惡。這個實驗結果一經公布之後，很多人先是感到震驚，後來有人提出了質疑，比如：這些「老師」知道電擊的後果嗎？「老師」是否知道被電擊的對象是一群孩子？或者很多人可能根本不知道電擊到底意味著什麼。

接下來，一些研究人員模仿了這個實驗，也確保了志願者在開始之前瞭解電擊的後果，並讓「老師」看到這個「學生」被戴上了電擊片……結果，跟第一次實驗結果類似，61%~67%，也就是將近三分之二的人選擇了完成實驗。在實驗中，研究人員還設計了讓「學生」明確說出一些台詞的情景，比如「我有心臟病，我不能繼續了」等。可是在實驗人員的督促下，扮演老師的志願者還是選擇完成了實驗。

這個實驗得出了一個非常可怕的結論，就是人的內心深處有一種對權威的服從心理，這個權威可能是我們身邊的人——父親、母親、丈夫、老闆、上司……他們都可能成為「權威者」。

更可怕的是，人們對權威的服從高於自己的良知和倫理道德。我們每個人都在權力體系裡扮演了一個角色，而大部分情況下，我們都不是體系中的權力方。我們要麼是「老師」，要麼是「學生」，但很難成為「實驗人員」。很多時候，我們沒有方向，我們只能服從。

但你有沒有想過，真的只能服從嗎？

人性中的很多惡都是來自盲目的服從，而真正聰明的人和願意保留向善精神的人，都會有一個邏輯——叫「Think out of the box」——跳出盒子之外去思考。

我們剛才看到的電擊實驗就是那個盒子。雖然在盒子裡有人一次又一次地用權威去命令你、打壓你、PUA你，但你完全可以不玩這個遊戲，你可以遠離這個盒子。你還記得我說的那句話嗎？當你看似無從選擇的時候，至少你可以起身離開，即便你會為此失去些什麼，就像那群志願者可能會失去參與實驗的4.5美元，可那又如何呢？起碼你保留了自我和良知。只要你起身離開，你就可以脫離平庸之惡。

1933年，有一位著名作家從德國逃亡到美國，她叫漢娜·阿倫特，就是她創造了一個詞，叫作「平庸之惡」，受到了人們的廣泛談論。

1961年，在納粹軍官艾希曼受審的時候，阿倫特提出了這個概念。所謂平庸之惡，就是極端之惡的反義詞。什麼叫極端之惡？納粹對猶太人進行了殘酷的種族滅絕，這就是一種極端之惡。

那什麼叫平庸之惡？艾希曼是納粹的一名高級軍官，他負責實施屠殺猶太人的「終極解決方案」。是的，他只是實施，並沒有參與決定。二戰之後，艾希曼逃亡到了阿根廷，1960

年被以色列的情治人員逮捕。1961年，他站在耶路撒冷的審判庭上說自己無罪。他說：「我只是執行上級下達的任務，我為什麼有罪？一部機器能有罪嗎？一根螺絲釘能有罪嗎？」

但阿倫特深思熟慮後說：「不是，因為你放棄了思考，你喪失了思考能力而作惡，你這是一種沒有殘暴動機的殘暴行為。更何況一個正常人怎麼可以做到不思考呢？怎麼可以沒有自己的決斷力呢？怎麼可以別人說什麼就是什麼呢？更別說你還有判斷的能力。所以，你有罪。」漢娜．阿倫特做此論斷的關鍵點就在於四個字：獨立判斷。作為一個個體，你怎麼能沒有獨立判斷能力呢？

艾希曼說：「我服從命令，服從法律，服從責任。在德意志第三帝國，元首的命令是當時法律的絕對核心，我需要服從他。我不僅是服從元首，而且是服從法律，還是服從法律背後的原則。這符合康德的哲學。這有什麼罪呢？」

但是漢娜．阿倫特認為：20世紀的歷史讓我們看到，你雖然是按照規定辦事，「依法作惡，依法殺人」。但不能殺人難道不是人和人之間最起碼的契約精神嗎？所以，作為人，你有罪，無論你怎麼辯解。你的罪就是「平庸之惡」。

漢娜．阿倫特舉了兩個例子。第一個是一名叫安東．施密特的德國士兵，他雖然沒有多大的權力，但是盡自己最大的可能幫助猶太人逃亡，甚至為他們提供了一些逃命的證件和交通工具。最後這名士兵被納粹逮捕並槍斃了。有一部電影，拍出了跟這個德國士兵經歷相似的故事，這部電影叫《辛德勒的名單》，還記得辛德勒在故事的最後所說的嗎？他一直在說「one more, one more」——再救一個，再救一個。

另外一個案例，是一位叫盧卡斯的醫生，他為了救助集中營裡的囚犯，從黨衛軍的藥房裡偷拿藥品，用自己的錢給囚犯買食物。戰爭結束之後，他也被送上了納粹法庭。在艾希曼這樣的人大言不慚地為自己辯護時，盧卡斯醫生卻認為自己在集中營裡是有罪的。

像施密特、盧卡斯這樣的人，始終秉持的理念是忠於自己，希望與自己相處，與自己交談，獨立思考，而不是聽從權威的命令去作惡、去殺人。他們並不是為了服從納粹之外的某個規定，而是無法接受作為殺人犯的自己。

之後，漢娜·阿倫特把自己的思考寫成了一本書，叫《艾希曼在耶路撒冷》，並說明：艾希曼有罪。這本書對我來說是振聾發聵的，尤其是在最後，當法院判處「艾希曼有罪」的那一瞬間，我突然明白什麼是「平庸之惡」。

我之所以跟大家做這些分享，是希望大家可以通過實驗和故事明白一個道理：有時候我們在集權之下，沒有辦法做出自己的選擇，因為違背權威的代價很可能是付出生命；就像在一段關係裡，你也無法做出選擇，是因為你害怕失去機會。但是你要永遠記得，你是可以不玩這個「遊戲」的，**你要明白，你依舊可以有自己的選擇。要麼直接離開，要麼在不能離開的情況下做出反抗**。這樣你才能真正做自己，才能發覺人性之善。

我想起電影《滿江紅》中的一個橋段，何立在審訊的時候，總會拿出一把匕首，上面有兩顆瑪瑙，一顆紅的，一顆藍的。他讓別人選擇按著紅瑪瑙或者藍瑪瑙，然後將匕首插入對方身體。如果選對了，匕首會收回；如果選錯了，匕首就會扎進對方的身體，取走他的性命。

還記得電影的最後嗎？姚琴的選擇是兩個都按住——紅、藍瑪瑙同時按下，才能鎖住刀尖。

她選擇的方式就是——**跳出了權威者定的規則**。就像是在說：我就是不被你左右，我要做一個獨立的個體。

思考題

想一想，你有沒有過服從權威或者反抗權威的經歷？

15

電擊狗實驗：別讓自己習得性無助

現在的人們，好像很容易陷入習得性無助的狀態，很多時候，面對大環境的壓力，我們無法做出自己的決定。

這種習得性無助的狀態在家庭和職場中很常見。這也是為什麼現在年輕人患抑鬱症的機率開始上升，就是因為他們多多少少地陷入了習得性無助的狀態中。

1967年，著名心理學家馬丁·塞利格曼發表了一篇關於習得性無助的實驗論文，這篇實驗論文在抑鬱症患者的圈子裡產生了很大的影響。

塞利格曼做了一個很殘忍的實驗，他的實驗對象是狗。他把狗放在金屬地板上，鈴聲只要響起，地板就會通上微弱的電流。一通電，狗就會感受到痛苦。一般情況下，狗遭受這樣的電擊後，會一路狂奔，直到跑到沒有電流的安全地帶。這是個簡單的條件反射實驗，就像別人拿針扎你，你的第一反應是躲，而不會停在原地被扎一樣。但塞利格曼做了一件事——把狗給綁了起來，受到電擊的時候，狗無法移動，只能默默地承受電擊帶來的痛苦。

一開始，這些狗會掙扎亂叫，一段時間之後牠們就安靜下來了——認命了。牠們認為這種痛苦是自己無法改變的，所以只能承受。塞利格曼說，此時這些狗就陷入了一種無助的狀態。而接下來才是實驗的重點：他把套在這些狗身上的繩子拿開，把籠子上的鎖打開，繼續讓牠們接受電擊。正常情況下，此時解開束縛的牠們應該和正常的狗一樣跳起來，跑到一個安全、沒有電擊的地方，因為不願意疼痛是牠們的本能，是刻在基因裡的反應，可是牠們大多數只是默默地待在地板上，無奈地感受著電流在身體裡流動帶來的痛苦。牠們嗚咽哀號，不敢動彈。有少數幾隻狗開始跑，但牠們也只是跑幾步就停了下來，然後又繼續陷入了習得性無助的狀態中。也就是說，牠們竟然從之前的默默忍受中學習到了一個概念：反正做什麼都沒用，那乾脆就什麼也別做了。

那一刻，痛苦變成了一種穩定的記憶，而且牠們記得的不僅是痛苦，還有一種我就算做什麼也沒法打敗這種痛苦的無力感。

這個實驗還在繼續，實驗者進一步在狗身邊設置了電流開關，讓牠們學習去觸碰開關來停止電流。結果發現，只要是養成習得性無助的狗，都很難學會關掉開關。因為牠們已經不相信任何可以改變自己悲慘處境的可能。牠們經歷了一段時間的痛苦後本可以使痛苦得到停止，但是習得性無助把它放大成了一種持續的、永無止境的、無法擺脫的痛苦。

這像不像很多小時候被老師批評、被家長責罵過多後開始自暴自棄的學生？他們已經完全丟掉了相信未來和相信改變的能力和心智。

我想到了一本書，叫《鄉下人的悲歌》，這是一本講階層躍遷的書，作者萬斯在獲得了階層躍遷之後，經常回去和他的同學聊天，他在研究為什麼他們不能走出來？朋友們也很坦白，說階層躍遷哪有那麼容易，也就你自己是個例外，你看還有別人做到了嗎？階層躍遷什麼的對一般人來說都是妄想，我們肯定不行的。

你看，動物這樣，人也一樣。對於很多人來說，經受幾次傷害之後，就養成了習得性無助心理。在習得性無助的時候，我們甚至還會說服自己：你看人生本來就很痛苦，既然我已無法改變，那就學會承受、學會習慣吧！

村上春樹說過一句話叫「痛苦無法改變」，但緊接著還有一句「受苦卻可以選擇」。你可以選擇不忍受痛苦，你可以反抗它，你也可以承受它、看輕它，這都是一種選擇。

這句話所包含的哲理太深刻了，因為日本文化在「喪」過之後，村上春樹還在堅定地說一個人學會做選擇的重要性，這其實就是在打破習得性無助。

一個相信痛苦是無法避免的人和一個相信我還能做一點什麼的人，他們對生命的體驗和面對生命的狀態是完全不一樣的。一個相信我還能做一點什麼的人，在某種程度上能夠掌控自己的人生，他能夠做一些事情，哪怕是一點點，去增加自己在痛苦裡的忍受力。如果一個人對痛苦習慣了，哪怕你奮力地把他拉出來，他也覺得我還得回去，何必呢？

我們會發現，無論是什麼人，都多多少少在一個「巨大的機器」之下陷入習得性無助。這「巨大的機器」可以是我們的公司、家庭。我們知道自己無法改變或者沒有勇氣去改變，即便發現這明明不是自己想要的生活，但還要說服自己：生活本就如此。我想這就是現在很多人抑鬱的原因。很多時候我們並非沒有選擇的機會，而是沒有選擇的勇氣。

所以，我們要學著去打破習得性無助的狀態，這並不難。

打破這種狀態其實就是做好兩件事：**第一，對自我的覺察，時刻感受一下自己的狀態。第二，要在一些小小的行動裡不斷積累自我的效能感。**什麼叫效能感？準確地說就是你感受到自己生命中一定有一些東西是可以被控制的，哪怕只有一點點。比如你堅持每天早起30分鐘，比如你每天給自己制訂3個非常簡單的目標：今天跑100米、聽10分鐘的課、看1頁書，就這樣每天去完成一件力所能及的小事，讓自己體會到對生活的掌控感。

我曾經去一個大廠做企業拜訪，那個辦公室裡的空調溫度調得非常低，我看到辦公室裡的女員工們全部都穿著大衣，裹得緊緊的。我問她們：「你們不冷嗎？」她們說：「老闆喜歡涼一點的工作環境。」我走上去就把空調給關了。老闆進來之後看著我，我也看著他笑了，他說：「能不能把空調打開呀，你們不熱嗎？」我回答：「沒事，不熱。」好多女員工看著我，給我豎起了大拇指。那個時候我意識到這家公司的文化一定有強制性的一面，要不然習得性無助不會蔓延到每一個角落。

通過介紹以上的實驗和事例，我想告訴你，無論面對什麼，你總有選擇。哪怕這個選擇再小，你也可以先從這件可以選擇的小事開始，去增強自己的掌控感。就像對待很多面臨精神崩潰的抑鬱症患者，心理醫生的建議都是從小事開始，鍛鍊自己的掌控感。哪怕是小到做一頓自己想吃的飯，選一段自己喜歡的路慢慢地走過，或者看兩頁書，說一兩次「不」……久而久之，你能掌控的範圍就會越來越大，你關注的東西從你的關注圈慢慢進入影響圈。從你無法控制到你能控制，你的掌控範圍越來越大，你的圈子越來越廣，你越來越自信，自然就能從習得性無助的狀態中走出來。

思考題

你在生活中有沒有陷入過習得性無助的狀態？你想要從哪個小的地方開始掌控和改變自己的生活呢？

第四章

利用好人性，實現爆發式認知成長

16

透視人性：如何避免被洗腦？

什麼是「洗腦」？相信你聽過這個詞。談戀愛的時候我們會說「小心你男朋友給你洗腦」，工作的時候我們會說「小心老闆給你洗腦」，面對對方對一個人的拚命維護，我們會說「你是不是被他洗腦了？」但你有沒有認真地思考過「洗腦」這個詞的含義呢？

我到了三十歲後，慢慢理解這個世界上有兩種人：一種人遇到一個和自己觀點不一樣的人，第一反應是「你是不是在給我洗腦啊」；第二種人遇到不一樣的觀點時，他會先聽完，然後進行思考，看看哪些觀點有用，哪些觀點沒用，提取其中有用的觀點，把它變成自己認知的一部分，丟掉對自己沒用的觀點，最後微微一笑。

所以費茲傑羅說：「一個人同時保有兩種矛盾的觀念，還能正常行事，這是一等智慧的表現。」

看了那麼多的實驗，瞭解了那麼多深刻的人性的底層邏輯，我相信你應該知道洗腦這件事是很容易的，我們的觀點是如此不堪一擊。我們每天都要接收大量的資訊，我們的很多觀點一天中甚至都要變好幾次。所以，不要擔心被洗腦，所謂被洗腦，就是你開始接受不一樣的觀點。你希望成為一個墨守成規的人嗎？如果不想，那你需要接受不一樣的觀點，只不過接受的區別在於，你是完全放棄自己思考而迎合他人，還是成為一個兼容並蓄、胸懷萬物的人。

所以，我們千萬不要低估洗腦的力量，但也不要高估它，人這一生總免不了被洗腦，實際上我們時時刻刻都在被洗腦。如果接受不同的觀點能讓自己變得更好，你只需要多接受，然後去辨別就可以了。

那麼，洗腦的方法有哪些呢？

第一，讓他對你養成習慣。怎麼樣讓一個人離不開你？最好的方式就是讓他習慣你的存在，在某一個固定時間看到你，聽到你的聲音。長時間不停地出現、表現，讓他熟悉你的身影和存在，這樣你就能慢慢成為他最大的依靠。長此以往，只要你過一段時間突然消失，他就會發現生命裡沒有你不行。

再比如，你總是借錢給一個人，當他把手頭上的錢花完了，你就借給他，讓他養成大手大腳花錢的習慣。只要他養成了這個習慣，他就離不開你了。等有一天你突然不再借錢給他，他的生活就難以為繼了。是的，這就是一些個人金融軟體的底層邏輯，這些軟體正在給你「洗腦」。就是這類軟體，改變了很多年輕人的消費習慣，它們看起來像是保障，讓年輕人勇敢消費，但是很多人卻忘了，他們還的錢更多。這種負債已經讓很多年輕人慢慢在一種被動和被迫下，失去了主動思考和想要做一些大事的能力。因為他們已經離不開這些軟體了，一個每天早上起來都在想著我還欠了別人幾千塊錢的人，怎麼做成大事？同時，想想看，有多少人正在用這種「習慣」的方法來一點一點給你洗腦呢？

第二，資訊隔絕。人的判斷力和鑑別力來自對資訊的提取。一個真正聰明的人永遠不會把自己困在資訊繭房裡。但現在一些短視頻軟體卻偏偏這樣做，它把每個人都困在了自己的資訊繭房裡。當你為自己喜歡的短視頻而停留時，大資料會捕捉到你的資訊，並強化你的喜好，讓你慢慢地只能刷到自己喜歡的東西。你以為瞭解到了越來越多的資訊，但實際上你的資訊面越來越窄。所以聰明的人永遠不會把自己限制在資訊繭房裡，他會去接觸大量的資訊，各方面的，各種管道的，在瞭解了不同的資訊後再做決定。當你獲取的樣本資訊足夠多時，你會對這個世界有相對正確的判斷。而與之相對的，資訊隔絕就是一種很好的洗腦方式。比如，如果你在所處的領域中，認識了100名優秀人物，你就能知道其中某個人並不是多麼突出，可如果你只認識一個優秀人物，你可能會把他視為標準，覺得他說的話都對。還比如，你在網路上看多了別人光鮮亮麗的生活，可能會覺得年入數十萬、百萬元是很正常的，而自己月入五千元、一萬元太糟糕了；但當你認識100個月入五千元、一萬元的人時，你就會覺得自己的情況是正常的，自己並不糟糕，你只是被網路上的資訊給洗腦了，他們用單一重複的資訊源一次又一次地告訴你人們都是年薪百萬，而你落後了，這讓你慢慢變得焦慮，失去了自己的判斷。網路上的很多人都是在用這種方式推銷自己的商品、課程等。

還有一種方式也會造成資訊隔絕，就是當資訊重複的次數足夠多，或者當你頻繁地接觸到某一個小領域內的資訊源時，也會給你造成一種資訊隔絕。你看現在很多粉絲圈，當一個人置身其中時，無論產生多麼過激的行為，他都會習以為常。比如給自己的偶像買100多張唱片，甚至為偶像買整箱整箱的牛奶，喝不了就倒進水溝裡，只為給他刷票，這種常人看起來很過分的行為他們都視為正常。他們自誇為「圈地自萌」②，但實際就是為了隔絕外界的資訊，讓粉絲在小範圍內一次又一次地接觸相同的資訊。這種行為造成的結果就是，他們只聽自己偶像的話，誰說我的偶像不好，誰就是我的敵人。仔細想一想，傳銷組織不也是這樣嗎？他們把控著成員能獲取的所有資訊，慢慢地，成員的腦子裡就只有組織內的資訊，於是成功被洗腦了。

第三種洗腦方式叫捧殺。是的，誇獎也是一種洗腦方式。比如一個人總說我長得帥，無論我打扮成什麼樣子，他都說我好看。慢慢地，我一定會覺得自己是真的帥，哪怕我不洗頭不打扮，也覺得自己很帥，當有人說我不帥時，我甚至會覺得他是在嫉妒我。

劉震雲老師就是一個會捧人的高手，有一次他捧王朔。他跟王朔說：「王朔老師，您的小說天下第一。」

王朔說：「別捧殺我，我知道你要幹嘛。」

第二天吃飯，劉震雲老師當著一群人的面繼續說：「我覺得您的小說絕對是卓越超群。」

王朔說：「你到底想幹嘛？」繼續不理他。

第三天，劉震雲又當著一群人的面跟王朔說：「王朔老師，我昨天晚上又看了您的小說，寫得真的太好了。」

王朔忍不住了，說：「還行吧。」

---

② 指在小圈子內自娛自樂，沉迷於自己的興趣愛好。

劉震雲轉頭對馬未都講：「你看，誰也禁不住連誇三天。」

捧殺這種方式很有意思，可以說是最簡單、最高效的洗腦方式。一個人只要說出對我們有利的話，我們都會傾向於認為他說的是對的。這可以說是人性當中一個很大的缺陷。

有一次，我帶一個女生去買衣服，她在試穿一件衣服的時候，那件衣服繃得緊緊的，幾乎要裂開，但賣衣服的老闆還是一邊玩手機一邊誇：「這件衣服太突顯你的身材了，你的氣質真好，這件衣服顯得你很年輕。」我在旁邊都快笑出來了，可等我轉頭接了個電話回來，那個女生卻已經把這件衣服買了下來。在男女相處上，現在網上就有這樣偏激的論調，什麼「女人是拿來寵的，不要和女人講道理」「你負責賺錢養家，我負責貌美如花」，這些話女孩子都愛聽，但是長期這樣下來，你會發現很多女孩子被迫陷入了追求「理想愛情」的尷尬境地。捧殺真的很可怕，你再想想看，我們從小到大有多少老師對家長說過這樣的話：「這孩子特別聰明，就是不愛學習。」很多家長聽完這句話，就想：「哎呀，太好了，我的孩子真聰明，只是現在還沒有顯現出來，不著急，有後勁。」我曾經看過一本書叫《終身成長》，書裡講千萬不要誇孩子聰明，而要誇他努力，要不然容易讓孩子形成「我很聰明，不需要努力」的思維模式。那些說「這孩子一看就聰明伶俐，百裡挑一」「男孩子就是聰明，都是後發制人」的話，往往是讓一個孩子失敗的開始，因為他會覺得我真聰明、真厲害，現在之所以學習成績不好是因為我還沒發力呢，等我開始發力一定秒殺全班同學。讓一個孩子相信他是優秀的、努力的、有潛力的，他可能會朝著優秀的目標去努力；但只是讓一個孩子相信他是聰明的，甚至不需要努力，那只能毀了他。

你看，想給一個人洗腦有時真的很容易，所以我們要學會應對，學會利用這背後的邏輯。那要怎樣去做呢？

我的答案就是：千萬不要只接收單一的資訊，要瞭解不同的觀點，看不同的書，見不一樣的人。這是一個非常關鍵，可以讓你學會利用人性獲得快速成長的方法。因為人們太容易被洗腦了，往往在無聲無息中就受到了影響，所以不要對洗腦太過恐懼，當我們知道了被洗腦的原因和原理，正確去應對就好了。

我們要聽很多道理，才可能產生一兩條自己認為對的道理。這一兩條道理是你聽過、瞭解無數觀點之後才能形成的原創看法。就像我跟你說了這麼多，也是我看了很多資料，讀了很多書，以及有過很多慘痛的經歷後，才能產生那麼一兩句能夠幫助你的話。

具體要怎麼做呢？我給自己的規定是：一週一定要見三到

四個不一樣的人，看兩到三本書，並講解一本書。原來我可能不願意花費這些時間去接觸這麼多人，但是現在我會準備好咖啡和茶，甚至準備好酒，陪他們聊聊天，聽一下他們的想法，以免讓自己被封閉在資訊繭房裡。

記得前段時間，有一個很普通的公司想和我簽約，給我報的條件很低，要是以前我可能就生氣了，直接不會再回覆他們的訊息。但是現在我不再那樣「冷處理」。對他們的見面邀請，我不僅人到了，還給他們一人帶了一本我的書。在跟他們交流的過程中，我很少說話，大多數時候都是讓他們講，問他們如果幫我做個人IP，我應該做什麼？他們能幫我做什麼？雖然他們說的那些東西我都知道，但是我依舊微笑著去聽，因為我知道，我不能只接收單一的資訊。

當他們講完之後，我非常確定他們可以做的所有的事都是我自己的公司現在正在做的，且做得比他們好，於是我站起來鞠躬說：「我先撤了，感謝你們的分享。」剛走到門口，我就見到了他們公司的老闆，他們老闆對著我一笑，我突然意識到我好像在什麼地方見過他們老闆。仔細一想，我們倆都笑了，原來我們倆早就認識。

我說：「你們公司不是做藝人MCN[③]嗎？怎麼開始做老師MCN了？」

他說：「李老師，你一定要來我們公司參觀一下。」

就這樣，我陪他又聊到了吃晚飯的時間。吃完晚飯，他跟我說他有一部電視劇要開拍，能不能請我幫忙一下劇本。我說：「好啊，榮幸至極。」

你看，我從一件「不新鮮」的事聊到了另外一件「不新鮮」的事，還接了一個不大不小的活兒。這一切都基於我的一個觀念：保持開放。

我們需要保持開放，在瞭解不同的資訊之後，提取自己想要的，摒棄自己不要的，這才是成才之道。

思考題

回顧一下上文的三種洗腦的方法，你有過這種被洗腦的經歷嗎？

③ 一種與內容創作者合作或直接生產各種獨特內容的實體或組織，旨在幫助內容創作者發展的組織機構。

17

鳥籠實驗：你所擁有的一切都在困住你

在這一節的內容中，我首先要跟你分享一個著名的實驗，叫鳥籠實驗。我曾經把它講給無數想換專業、換學校、換工作的人聽。相信你瞭解過這個實驗之後，一定會受益匪淺。

鳥籠實驗是著名心理學家威廉·詹姆斯所做的一個實驗，他也是最早的實驗心理學家之一。出生於1842年的他，做過很多人類無法想像的心理實驗，其中最著名的一個就是鳥籠實驗，他也由此提出了「鳥籠效應」這一著名的心理現象。

1907年的一天，詹姆斯去他的好朋友卡爾森家作客。卡爾森是一名物理學家，他們聊到詹姆斯的研究成果，卡爾森有一些不屑，畢竟物理研究的是世界的本質，講究公式定律，而心理學只研究人的心理，只會做一些簡單的心理學實驗。

詹姆斯說：「那我跟你打個賭，如果我送你一個鳥籠，你把它掛在客廳中最顯眼的地方，那麼用不了多久，你將會買一隻鳥放進去。」

卡爾森說：「怎麼可能？別胡扯了。第一，我從來不養小動物；第二，我就不信你的實驗有這樣的魔力。」

於是第二天，詹姆斯買來一個非常漂亮精緻的鳥籠送給卡爾森，卡爾森也按照他們的約定把鳥籠掛在客廳裡最顯眼的地方。之後的一段時間，因為來卡爾森家作客的人絡繹不絕，很多人看到這個鳥籠時都會問這樣幾個問題：「你家的鳥是死掉了嗎？怎麼死的？」「你家的鳥是飛走了嗎？」「有這麼精緻的鳥籠，你就沒有考慮再養一隻鳥嗎？」卡爾森一開始還不停地解釋，說他從來沒有養過鳥，有人相信，有人不信，甚至還有很多人說「要不我送你一隻鳥吧」；還有些人聽他這麼說後，趕緊去安慰他。後來，卡爾森開始不耐煩了，為了不再解釋這些無聊的問題，他果然買了一隻鳥放進去。這就是著名的鳥籠效應。

所謂鳥籠效應，就是假如一個人買了一個空鳥籠放在家裡，過一段時間之後，他就會為了這個鳥籠再買一隻鳥回來，哪怕他並不是很想養一隻鳥，他也並不會把籠子丟掉，因為有了沉沒成本。

不知道你明白了沒有。其實，所謂鳥籠效應，**就是你總容易被自己擁有的東西困住，你容易成為你所擁有的東西的俘**

虜。

思考一下：卡爾森最後為什麼會妥協呢？

其實答案很簡單，因為他受不了別人異樣的眼光和不停的詢問，雖然他也曾經解釋，但很明顯，買一隻鳥比總解釋要省事得多。心理學家還認為，就算你的空鳥籠沒有人詢問，你在面對它時也會產生心理壓力，在這種壓力下，你還是會主動購買與鳥籠相匹配的小鳥。

這個心理規律適用於各個領域。回顧一下你的過往經歷，看一下你是不是也被這個心理規律裹挾了？比如你學的是機械工程專業，那麼未來你是不是一定要成為一個工程人員？如果你學的是主持專業，那你是不是要努力成為一個主持人？否則，你是不是會覺得自己白學了？

我曾經聽過一個笑話，一個年輕人在街上撿了一根蔥，於是就開始思考，我該怎麼用這根蔥去做飯呢？做飯得有廚房，有廚房得有老婆，有老婆得有房。最後，他因為一根蔥買了一間房。當然，這聽起來只是個笑話，可在生活裡有多少人都忍不住這樣去想、這樣去做呢。

一個人，總是手上有什麼資源就去做什麼事情，這是多數人的慣性思維，但真正聰明的人不是這麼做的，他們是想做什麼事就去尋找什麼資源。值得深思的是，現實中的很多孩子，尤其是家境富裕的孩子，都成了自己父母的犧牲品，因為他們的父母太強勢，而他們從小就擁有自己都不知道該如何控制的權力、資源、金錢。所以父母對孩子的唯一要求不是讓孩子做自己，不是讓孩子去創新，而是讓他們把他們擁有的這些東西用好。他們從來不會問自己的孩子：你想要什麼？你的夢想是什麼？你未來想做什麼？只是不停地告訴孩子：我有什麼，來吧，用我有的東西來獲得你想要的東西，用好我給你的一切。

有一次，我送了一個朋友一個鍋，這個鍋是當時特別紅的氣炸鍋，售價破萬。因為她的夢想是成為賢妻良母，我說我沒有辦法幫你實現你的理想，但我可以送你一個鍋。我送鍋去她家的時候，她特別高興，當場就把鍋洗了，然後拿鍋給我和幾個朋友做了一桌大餐。我們幾個好友都特別開心，放開吃喝了一頓，臨走前還誇她廚藝真不錯，讓她「好好『揹著那口鍋』勇往直前」。結果沒過多長時間，她又請我們去她家吃飯。這一去把我們嚇壞了，因為她為了那個鍋配了一台嶄新的油煙機，還把廚房整個翻新了一遍，買了一張極其精緻的桌子和一個漂亮的酒櫃。我問她花了多少錢，她說花了快10萬元。那天所有的朋友都在誇她厲害，說她一擲千金，只有我陷入了沉思。因為這一切都是從我送那個鍋開始的，果然那個鍋成了「揹鍋俠」。

這就是鳥籠效應的現代版——揹鍋效應（玩笑話），這樣的窘境，我們很多人都陷入過。

還有一次，一位編劇朋友送了我一個反應速度、靈敏度都很好的鍵盤，他說：「尚龍，你用這個鍵盤能寫出全世界最美麗的文字。」我非常感動，拿著鍵盤在電腦旁邊連來連去，比畫了半天。然後，我覺得我的滑鼠太差了，配不上這麼好的鍵盤，於是我又買了一個更好的滑鼠。後來我發現我的滑鼠和鍵盤都太棒了，於是我重新換了一台電腦……到現在我都不知道我換這台電腦到底有什麼用，但我就是換了。現在我正在用這台電腦打字，但一旁還放著之前那台完全沒壞的電腦。我想，我也陷入了鳥籠效應。

其實很多時候，**你的鳥籠並不是別人給你掛起來的，而是你自己掛起來的。你把它掛在了你心裡最亮的位置，你時刻看著這個鳥籠，被迷花了眼，丟了初心，你開始自尋煩惱**。你開始想，我都擁有這個了，我不得給它配另外一個東西嗎？而很少有人意識到，除了給鳥籠配一隻我們並不需要的鳥，我們還有其他的路可以走。最簡單的，就是我們可以丟掉那個鳥籠，然後你就能看到更寬廣的世界。但可惜，當你有了鳥籠後，你總覺得它就是你的全世界，你就應該為它去搭建一個跟鳥籠有關的世界，那一刻你成了鳥籠的奴隸。

鳥籠效應，也被稱為空花瓶效應。為什麼會有這種稱呼呢？比如你送給女朋友一束花，為了這束美麗的鮮花，她特意買了一個花瓶，沒過多久花謝了。於是為了不讓花瓶空著，她會時常要求你給她買花，或者她自己養成了買花的習慣。你看，人性就是這麼奇妙。

所以，我想讓你警惕一個現象：**不要用自己擁有的東西來限制你的無限可能**。我之前上課時總講一個例子：當你手上有一瓶水，你接下來需要幹什麼？很多人說喝了、倒了、澆花，還有人說洗個澡。此時你已經被你手上的東西給限制住了，但實際上你應該做的事情，跟這瓶水沒有關係，你要去做自己想做的事情，等待你的是無盡的世界。但是，當你把注意力聚焦在這瓶水上的時候，這瓶水就變成了你思考的前提，就像是你所上的學校、你擁有的學歷、你的家庭背景、你的社會階層。「這瓶水」可以是有形的，也可以是無形的，它甚至可能是一段感情、一段經歷、一段你無法忘懷的過去。但是你應該做的，也是你想做的事，跟「這瓶水」有什麼關係呢？

無論如何，你都應該找一個安靜的角落去思考一下自己人生的方向，去想想你到底想要什麼，未來你想成為什麼樣的人。假設你已經到了六十歲，那時候的生活會是你想要的嗎？你身邊的人、你住的房子、你生活的環境、你正在做的事情，是你年輕時所期待的嗎？如果不是，那問題出在哪兒呢？好，接下來你可以回到現在，可能你才二、三十歲，你看，老天給了你一次「重來的機會」，你又回到了青春年少之時，此時你到底想要做什麼？這時你可能就會發現，你擁有的東西根本不重要，你要做的就是放下水瓶，找到你所期待到達的未來。這時你會發現，原來我還可以這麼活。

當你深刻地參透了鳥籠實驗的本質，你的世界一定會越來越寬廣，你的世界的形狀也將會慢慢接近你內心深處想要的樣子。

如果讓我回到三十歲，我一定會告訴自己一句話：**請你一定要堅定地按照自己的想法去活。否則到了一定年紀，你會被迫按照自己的活法去想。**

記住，你可以成為任何你想成為的人，同時，只要你真心發願，你的生活會慢慢靠近你的夢想。

思考題

你有沒有遇到過鳥籠效應？如果有，把你的故事分享出來吧。

18

波波玩偶實驗：如何利用人性去和原生家庭和解？

在分享本節要講的兩個實驗之前，先給你推薦一本我非常喜歡的書，叫《你當像鳥飛往你的山》。每一位想擺脫原生家庭所帶來的影響的人都應該反覆去讀一下這本書。

我還記得我第一次讀這本書的時候是在洛杉磯的機場，我看的是英文版，名字叫Educated，直譯過來是《被教育》。《你當像鳥飛往你的山》這書名是一種意譯，取自《聖經》中的一句「Flee as a bird to your mountain」，是一個十分有意境和韻味的名字。

有時候，**不幸的人終其一生都在做兩件事：第一，擺脫原生家庭給自己塑造的價值觀；第二，擺脫童年的陰影。**今天我要通過兩個實驗，告訴你童年對我們的傷害有多大，而我們終其一生要花多少精力才能擺脫它。

第一個實驗是被很多人批評為違反人性的實驗。有兩位心理學家從一所醫院裡挑選了一個九個月大的嬰兒亞伯特進行研究。在開始研究之前，小亞伯特接受了一系列基礎情感測試，實驗者讓他首次短暫地接觸了以下物品——小白鼠、兔子、狗、猴子，還有一些無頭髮的面具、柳絮、燃燒的報紙等。結果發現小亞伯特對這些東西都不會感到恐懼。九個月大時，他還沒有形成對這些物品的意識和概念。

大約一個月之後，當小亞伯特超過十個月，兩位心理學家正式開始實驗。一開始，他們把亞伯特放在一個床墊上，把一隻小白鼠放在亞伯特的身邊，允許他玩牠。這時，小亞伯特依舊沒有對小白鼠感到恐懼。當小白鼠在他周圍遊走時，他甚至會用手觸摸牠。但是在後來的測試裡，當亞伯特接觸小白鼠時，兩位心理學家就在亞伯特身後用鐵錘敲擊懸掛的鐵棒，製造出可怕的聲響。亞伯特聽到巨大的聲響後，大哭起來，並表現出恐懼的狀態。

經過這樣幾次刺激之後，當小白鼠再次出現在亞伯特面前，亞伯特已經對小白鼠充滿恐懼了，他哭著轉過頭試圖離開。因為在亞伯特的心裡，小白鼠已經和之前的巨響建立了聯繫，他由此對小白鼠產生了恐懼和哭泣的情緒反應。這像不像之前我們說到的塞利格曼的「電擊狗」實驗？所以說這個實驗是違背學術道德的，後來據說小亞伯特因為這個實驗，生活受到了影響，六歲時死於腦水腫。

當然，我想講的是實驗背後所反映出來的一個悲哀的事實：我們這一生有多少恐懼都來自童年的陰影，來自那一聲聲可怕的聲響，但我們還以為是那隻老鼠帶來的恐懼。

我記得之前有一個學生找我聊天說：「李老師，我現在根本不能聽到一個人的聲音。只要聽到那個人的聲音，無論她離我多遠，我的寒毛都會直接豎起來，立刻發瘋，甚至有想要自殺的衝動。」我說：「誰有這麼大魔力？」他說：「我媽。」我沒有問為什麼，但我知道有多少母親在自己孩子的記憶裡是發瘋的、崩潰的、歇斯底里的。父母們說的一些話可能自己都已經忘了，但孩子仍舊記憶猶新。有多少童年時的恐懼，一直埋在我們的心裡，很多時候一些看似普通的話語，卻成了在我們腦海中炸開的一聲聲巨響。

我記得有一位作家寫過一個故事，她說小時候班上有同學收集蝗蟲，有一次有一個男生把蝗蟲放到了她的抽屜裡。她往抽屜裡一看，就見一隻面無表情的巨大綠色蝗蟲正對著她。她嚇了一跳，一上午沒敢說話。中午在食堂吃飯時，她看到自己的飯盒裡有香菜，看著那綠色的形狀不規則的香菜，那樣子，那氣味，讓她瞬間就聯想到了蝗蟲，這使她忍不住開始嘔吐起來。從此她不能見到香菜，一見到香菜，她就會感到恐懼、害怕，甚至嘔吐，這就是童年時的陰影，讓她一直無法面對香菜。後來我問她是怎麼解決的？她說有一天她決定面對這一切：她把自己不敢吃香菜的事情告訴了身邊的所有人，然後她直面恐懼，為此還做了幾次專業的心理諮詢。

後來，她終於可以面對香菜了。我問她：「你花了多長時間？」

她說：「花了至少三年吧。」

這個故事給了我很大的啟發，童年一瞬間產生的陰影，需要用整整三年去對抗，其間伴隨著無數的痛苦，好在她最終克服了這個陰影。這也告訴我們，消除恐懼最好的方式就是直面造成恐懼的童年陰影，並且把它理性化。你的大腦中清楚了這一切產生的原因，正視這原因，你才能慢慢地從童年陰影中走出來。

我要跟你分享的第二個實驗，叫波波玩偶實驗。1961年，美國心理學家阿爾波特·班杜拉進行了一項有關孩子攻擊性暴力行為的研究實驗。班杜拉讓史丹佛大學幼稚園裡3~6歲的36個男孩子和36個女孩子參加實驗。其中24名被安排在實驗對照組，其他48名作為實驗組，被平均分成了兩組，讓他們去觀察成人的行為。其中一組觀察的成人行為是攻擊波波玩偶，我們把他們稱為暴力組。另外一組觀察到的則完全沒有攻擊行為，我們把這一組稱為非暴力組。觀察完成人行為之後，實驗者讓孩子們進入一個沒有成人的房間，觀察他們是否會模仿先前所看到的成人的行為。果然，先前看到暴力行為的兒童紛紛開始模仿那些成人的動作，開始攻擊波波玩偶；而沒有觀看過暴力行為的兒童都只是隨便擺弄玩具，完全忽視了波波玩偶。實驗表明，兒童暴力行為的獲得並不一定要以親身得到獎勵和懲罰為前提，他們完全可以通過觀察他人的行為而瞬間學會。

這也告訴我們，榜樣的作用是很大的。這也是為什麼人們總說「言傳不如身教」，在孩子成長的過程中，父母一定要學會規範自己的行為，給孩子做出好的榜樣。

很多家長總喜歡問我一個問題，就是：「我家孩子怎麼不讀書啊？」於是我就反問他一個問題：「你讀書嗎？」他說：「我最近讀得少了。」我說：「你看你自己回到家就躺著打遊戲，或者看電視劇、短影音，孩子可不得跟你學嗎？」都說「虎父無犬子」，但你自己是「犬」，也是難以培養出「虎」的啊。因為你做的所有事情孩子都會模仿。

我在家中時，幾乎不打遊戲也不看電視，因為我想當我的孩子長大時，他看到自己的父親總是看書，這樣或許他也會情不自禁地捧起一本書，問我這書裡說的是什麼。我們多了一次溝通的機會，他也有機會去愛上書中的內容。

我們的很多惡習也是童年時不小心習得的，就像我下一節要跟你分享的很多底層的思維習慣，也是我們小時候不經意間學到的，連說髒話、口頭禪、行為動作都是。比如從小我們的父母特別喜歡說一句「孩子，這東西我們買不起」，但是只有極少的父母會對自己的孩子說「孩子，這東西要怎麼樣我們才能買得起呢？」把這兩種底層思維灌注在孩子的思想中，隨著他們長大，他們會不會變得不一樣呢？

我們說回到《你當像鳥飛往你的山》這本書，作者塔拉雖然考上了名校，成為了一名優秀的律師，甚至在實現階層躍遷之後，她依舊擺脫不了原生家庭留下的陰影。在她寫完這本書之後，她的父母親甚至跟她斷絕了來往，因為他們認為塔拉在書中醜化了他們。而她對自己的剖析和反思足夠深刻，她不停地問自己：「父母教給我們的東西總是對的嗎？」當她慢慢明白答案是否定的，她開始瘋狂接收不一樣的資訊，踏上尋找真理的道路。但實現這一切的前提是要跟過去的自己說再見。

過去的「自己」，包含了自己最親的人，從小陪自己長大的人，自己的成長環境，還有自己的童年。去審視甚至否定這一切，是非常困難的。但有時你要明白，**要麼讓自己變得孤獨，要麼讓自己身陷牢籠。**

必須說明的是，人的本性是懶惰的——我們總是懶於改變，過去形成的價值觀會一直充斥在我們的腦海裡，影響著我們所有的行為。我們從原生家庭中學到的道理、曾經擁有的榜樣、已經習慣的思維方式和生活方式，這些我們都特別希望不去改變——這是人性的弱點。因為不願意去接受新的事物，不主動去改變，那麼我們的人生只能重複過去的失敗。只有當我們開始學習主動去改變時，我們的生命才有無限可能。雖然這個改變的過程可能很痛苦，甚至需要你擊碎過去的自己，但如果不這樣做，你可能就沒有辦法去重組一個更好的自己。

這讓我想起了我自己的成長經歷。我的父母離開穩定的工作崗位後一直告訴我改變的重要性。我的父親從商銷售保險，第一年就通過了保險經紀人資格考試。我的父親一次次用他的行動告訴我，這個世界上沒有難題，只要你還在不停地改變。只有不停地改變，你才能看到曙光，看到不一樣的世界，才能夠不斷地往上攀爬，然後看到更遼闊的風景。於是我決定擊碎我兒時習慣的舒適區，走向一些未知的可能。直到今天，我做的所有事情都是我的父母無法直接幫助我的，因為這並不是他們所熟知的領域。但正因為如此，我看到了父母及家族中其他人從來沒有看到過的世界。迄今為止我都覺得這世界很精采，因為我曾做了別人沒有做過和不敢做的事。

這些年有一句特別流行的話，**「我們都在等父母的一個道歉，父母都在等我們的一句感謝」**，還有一句話說 **「我們終其一生，都逃脫不了原生家庭的陰影」**，但我認為這兩句話都錯了，因為這兩句話忽略了一個重要的概念，就是一個人可以改變自己的態度和決心。就像我的那位朋友一樣，她面對童年時的陰影，選擇主動去治癒它，最後花了三年的時間終於克服了自己的恐懼。當你主動面對恐懼時，你會發現它沒有那麼可怕；但當你選擇逃避時，它卻如影隨形、時時壓迫著你。我想這就是人性的奧秘：**不要害怕那些困難，主動迎接它，只有這樣，困難才會越來越小，你才會越來越強。**

思考題

你在童年時有沒有遇到過至今都縈繞在你生命中的噩夢？你是否曾經面對過它？你是怎麼治癒它的？

19

立足生活：用十條底層認知邏輯改變一生

為什麼有的人能力強，有的人能力弱？其實除了家庭條件等外在因素的影響外，本質還是在於認知的差距。

在這一節中，我總結了十條這些年來使我受益匪淺的，關於人性的底層認知邏輯。我在寫下這些內容時，可謂下筆流暢，因為這些認知邏輯已經貫串在我的生活中，變成了習慣。所以我希望你在看完這些內容後，也能將其運用到生活中，養成習慣。

第一條，請你一定要小心你的語言。口乃心之門，人在年幼時聽到的關於錢、資源、階層的話，都會刻在他的潛意識裡，成為支配其行為的一種力量。語言的制約性非常強。你能想像一個被誇讚長大的孩子和一個被罵著長大的孩子自信水準的差距嗎？有一個例子，有一個人，他的母親從小就對他說：「有錢人都很壞、很貪婪，他們是靠掠奪窮人的血汗錢才有了現在的身分地位。你千萬不要成為這樣貪婪的人，你以後賺的錢夠用就好。」那麼這個人從小在潛意識裡就把錢跟貪婪畫上了等號，他不想被母親否定，所以每次賺了錢都花掉。有一次我跟他交流的時候，發現他一年可以賺很多錢，但是仍舊無房無車，因為他一有錢就必須花掉。我甚至見過他喝10萬塊錢一瓶的酒，把錢大手大腳地花在無用的地方，這完全是浪費，直到有一天他把這個故事講給我聽，我才知道是語言的力量，讓他在潛意識中受到了制約。

那對這種情況你應該怎麼做呢？其實很簡單，只需以下四步。**第一步，察覺**。你要先寫下你對這種情況所有的描述。**第二步，去理解它**。你需要想想看，這些東西是怎麼影響你的生活的。**第三步，劃清界線**。你要明白，這些壞的想法並不屬於你。**第四步，強迫自己選擇新的思考方式**。你要告誡自己，必須拋棄困擾你的舊的思考方式，選擇新的、能幫你快速解決這些問題的思考方式。於是有一天，他帶著自己的母親在海南島度過了一個非常愉快愜意的冬天。他母親說自己從來沒有在冬天看過花開，她為自己的兒子感到驕傲。很神奇的是，從那以後，我的這位朋友不再以有錢為恥，並開始學會存錢了。

第二條，請你去模仿你喜歡的人。我們最容易模仿的人是我們的父母，無論是好的一面，還是壞的一面。所以前面我跟大家說過，我們很多人終其一生都難以擺脫原生家庭給我們造成的影響，我們總是在不知不覺中活成了他們的樣子。所以，我們需要停下來看看自己，看看此時的自己是不是理想中的自己，看看自己是不是學到了親近之人不好的一面。如果是這樣，我們就需要改變思路——喜歡誰就去模仿誰，這種思路才是對的。

第三條，強者相信自己能創造人生，而弱者相信人生無法改變。很多弱者的思考方式是「責備」。他們擅長責備別人，不僅責備別人，還責備社會，甚至責備自己。他們認為自己好可憐，落到了此種境地，無法改變，於是只能習得性無助。他們還給自己的窘迫、窮苦找藉口，想盡辦法證明自己經歷的一切都是合理的。所以他們會給自己的糟糕境遇下一些結論，比如錢不重要。可是你思考一下，你會不會說父母不重要、伴侶不重要、朋友不重要？那你為什麼說錢不重要呢？如果你認為一個東西不重要，那你就不會努力去得到它，它就會離你而去。所以任何一個說錢不重要的人都是在給自己沒錢找藉口，因為沒有錢，所以只能自己安慰自己錢不重要。所以要怎麼改變這種情況呢？那就是首先學會告訴自己，錢很重要，好的生活很重要，讓自己變強很重要。

在生活中，你也一定不要總是靠近那些愛抱怨的人，因為如果你靠近了他，你的思考方式將會被他影響，甚至最後變成他。如果你非要跟他相處，那一定要確保三不五時自省，告訴自己埋怨別人沒有用，只有自己能改變一切。不要總是把自己的生活交給別人，然後去抱怨，要相信命運牢牢地掌握在自己的手中。

第四條，強者總是做點什麼，而弱者總是在想著怎麼做卻從來不動手。這是人性的一個底層邏輯。王陽明曾經說過一個重要的理論，叫知行合一。就像你看了很多書，聽了很多課，可就是什麼也不做，還是只能維持現狀，那你學的這些有什麼意義呢？既然學了，你總得做點什麼。不管做什麼，都比你只是胡思亂想要有用得多。

第五條，勇敢的人做大事，而軟弱的人只能做小事。大多數情況下，你的收入和市場認為你所產出的價值是成正比的。

換句話說，你在給市場打工，而市場給你提供的收入就是你的價值。再換個說法，你服務了多少人，市場就會給你多少報酬。我舉個簡單例子，有些老師講課就是給班上的幾個人講，所以他只服務了幾個人。而我的課堂服務的是幾千甚至幾萬人，我寫的書有幾十萬、幾百萬人閱讀。這個區別的本質是我在為更多人服務，我想做更大的事情。我在幫大家節約時間，提供一些思考的方向，轉變一些思路，提供一些情緒價值，這些都是我生命的價值和意義。

每個人都有自己的價值，我想問你，你是願意為多一些人解決問題，還是只想為少部分人解決問題呢？如果你的答案是為更多人服務，那麼你就要有做大事的決心。這樣伴隨著你的付出，你在心理、精神、情感上也會更加富足。每個人活在世界上都有自己的使命，都要幫助別人。你想做的事情越大，你的生命就會更加有光彩，你才會產生真正的使命感，而金錢也會隨之而來。

第六條，關注機會而不是障礙。世界上的人分成了兩類，第一類人關注機會，第二類人關注障礙。強者關注的是一個人賺錢的潛力，而弱者關注的是賠錢的可能。有錢人專注的是獲得報酬的機率多高，窮人專注的是賠錢的風險多高。

有一個思維訓練方式，大家可以經常練習一下：當你拿到一個杯子時，倒一半水，你看到的是什麼？有些人看到的是半滿的水，有些人看到的則是半空的水。如果你永遠不會正向思考，你的腦子裡永遠想的是「如果不成功該怎麼辦？」「這樣不行吧？萬一搞砸了，我可完蛋了呀」這樣的想法，那麼這種恐懼會讓你做不好任何決定。相反，你應該想：「我希望可以這樣做，這樣應該能成功」「我如果搞砸了，還可以這樣彌補」

「我一定可以成功的」。你盯著機會看，機會會越來越多，你所專注的東西會離你越來越近。而如果你把眼光交給了障礙，障礙也會越來越大。

所以，把焦點放在你所擁有的事物上，而不是你沒有的事物上。列一張清單，可以嘗試著去寫下十件你擁有的東西，然後唸出來，你會發現你擁有的東西絕對比你想像的要多。當你開始把注意力放在你所擁有的事物上面時，你就會感受到幸福，你就會變得更有底氣，就會更加勇敢地去做你想做的事情。

第七條，和優秀的人交朋友。有一個很普遍也很悲哀的社會現象：窮人有時容易仇富。有時候，有些窮人會討厭有錢人士和成功人士，好像只有這樣，才能解釋他們沒錢是因為「討厭有錢」。可實際上，這種討厭只會讓他們離「有錢」越來越遠。我特別喜歡一本書，叫《有錢人和你想的不一樣》。書裡有個故事，有一個主持人說一個女演員的片酬達到了2000萬元，這本書的作者非常驚奇。他說：「憑什麼給她這麼多錢呢？這樣把那些偉大的科學家置於何地？她根本不配拿這麼多錢。」他越想越生氣，可是罵完之後就後悔了。為什麼？因為不管女演員拿這麼多片酬的原因是什麼，都不是他能左右的，對這件事有意見並不會讓他幸福多少，並不會讓他多賺多少錢，反而會影響自己的心情。所以他改變了想法，說：「她應該拿這些片酬，因為那是她應得的。」請注意，你永遠沒有辦法從你討厭的人身上學到什麼，而你只會去向你喜歡的人學習。所以，你應該學著去欣賞那些優秀的人，認同他們，因為只有這樣，你潛意識裡才會覺得「我也會成為這樣的人」。你也會相信，等自己變得這樣優秀而富有的時候，也會有一群人這麼欣賞你、認同你，甚至想成為你。所以，你要多去認識你所在領域中和所在領域之外的那些成功者，努力跟他們交朋友，這樣你才能學會如何成為他們。

第八條，去輸出。這個世界牢牢掌握在輸出者的手中。不管你是否相信，所有的內向者都會遇到一個麻煩：我知道這麼多東西，可我該怎麼表達出來？而所有的外向者即便講的東西是錯誤的，也會有人去聽。在生活中，你往往會發現身邊那些成功的人，十分願意宣傳自己的價值觀。而窮困弱小的人，卻把表達自己的想法當成一種很糟糕可怕的事情。我們大概從來沒有見過一個商人是不愛表達的，沒有一個成功者是不愛分享的。因為他只有不停地表達、持續地輸出，才會有更多的人聽到他的聲音，他才有機會去施展自己的影響力，從而讓更多的人注意到他。注意力流向的地方就是金錢流向的地方，所以我們要時刻保持輸出。

第九條，想辦法讓你的能力大於你的問題。強者的能力永遠大於他的問題，而弱者的能力永遠小於他的問題。弱者會想辦法避免麻煩，他們總在看到一個麻煩時掉頭就走。諷刺的是，他們追求不要有任何問題的同時，卻給自己製造了最大的問題，那就是貧窮。所以不要去逃避任何問題，也不要在問題面前退縮，尤其是在工作領域裡。當你遇到一個麻煩的時候，最好的方式是直面它，因為當你直面它時，你才能看清它，才能想辦法解決它，而不是把問題越拖越大。同時也別怕麻煩，因為強者永遠在處理麻煩中變得更強大。

第十條，強者永遠持續成長，而弱者認為自己知道了一切。這世界上有三個字特別可怕，叫「我知道」。這三個字太危險了！你判斷自己是不是知道，其實只有一個標準，就是你並不是聽說過，而是你在生活裡體驗過它。否則你就只是聽說或者在嘴上談論過，而並不知道它的真實樣貌。就好像看完這本書，你感覺自己好像懂了很多，但其實你根本不知道，因為你還沒有在生活中去實踐它。作家吉米・羅恩曾經說過：「如果你繼續做你以前到現在一直在做的事情，你就會繼續得到你一直以來所得到的東西。」所以，請你知行合一。

最後，請你在生活中踐行這十條人性的底層認知邏輯。

思考題

你打算如何去踐行這十條人性的底層認知邏輯呢？

20

自我突破：養成二十個好習慣健康生活

人有悲歡離合，月有陰晴圓缺。什麼都在變，你可以什麼都不信，但一定要相信週期理論。什麼叫週期理論？就是一個人在到了高峰的時候一定有機會落到低谷，一個人在身處低谷的時候也很有可能達到高峰，所以心態很重要，要像范仲淹所說的那樣「不以物喜，不以己悲」。人在高峰時要保持低調，在低谷時要養成好習慣，靜等迎接高峰。因此很多時候，命好不如習慣好。

人在低谷時總會遇到眾叛親離，也更能看到人性的糟糕和可怕，但只要你養成好習慣，就有站起來的勇氣和底氣。我曾經很長一段時間在低谷期，但好在我養成了一些良好的習慣，這些好習慣最終幫我走了出來。

下面，我就將這二十個好習慣分享給你，你只要保證自己能有五個好習慣就夠了，因為好習慣是互相關聯的，一個好習慣能帶動其他好習慣。請記住，命好不如習慣好。如果你在低谷時看到太多人性的惡，那麼這二十個習慣你一定要養成。

第一，堅持每天自學。如果你有一天的閒置時間，就去讀一本書；如果你有一個月的閒置時間，就可以去考一張證照；

如果你有一年比較空閒的時間，就可以去考研究所或者考MBA。總之，學習永遠不要停下，尤其是在低谷期，它是讓你翻身的保障。

第二，每天堅持做30分鐘的有氧運動。無論如何，每天都要堅持運動，你可以騎自行車、跑步、游泳，只需要30分鐘就能幫助你以更好的狀態開始新的一天。

第三，想辦法找到具有成功思維的人，並和他們建立聯繫。人越是身在低谷，越容易把自己困在資訊繭房裡無法自拔。因為他覺得自己太糟糕、太自卑了，不禁懷疑自己還應該去社交嗎？其實恰恰相反，人越是身在低谷時，越應該去接觸優秀的人，不要害怕他們不願意幫你，相反地，他們不管是出於體現自己的影響力，還是擴充人脈，都是願意伸出援手拉你一把的。你越是身處低谷，越應該積極與人交往，哪怕只是簡單的生日問候，道聲早安和晚安，也要想辦法跟優秀的人保持聯繫。

第四，越是身在低谷，越要設定目標。每一年的年初都要給自己設定目標。你的生日、每個月的月初、每個星期一、結婚紀念日，甚至是孩子滿月的時候，都是自己可以重新設定目標的時候。人如果沒有目標，就像船沒有航向，只會讓生活越來越亂、越來越不好。

第五，每天睡夠7個小時。這條對現在的很多年輕人來說很難，但是請千萬記住，就算天塌下來，也要保證自己睡好。

有一本書叫《史丹佛大學「黃金90分鐘」睡眠法》，書中提到：人類完整睡眠週期是90分鐘，就算你要熬夜工作，睡不夠7個小時，也建議你11點左右的時候，先睡上90分鐘，然後再起來幹活。我們說愛自己，說白了就是吃好、睡好。吃好就是讓自己每天都吃到想吃的飯，睡好就是要保證自己每天有足夠的睡眠時間。在這個世界上，你總會發現很多人比你強，你為此難過，甚至嫉妒，因為覺得憑藉自己的能力，好像就是比不過他，但你至少能做到保持健康。

第六，提前起床。假如你現在每天工作的時間或者出門的時間是早上7點，我建議你6點就起床。因為與其躺在床上，任憑鬧鐘一次又一次地叫你，最後著急忙慌地趕路，不如主動起來收拾，遊刃有餘地出發。因為大多數厲害的人，他們都有一個特點，就是主動。計畫不如變化，很多時候會有突發的事情打斷我們的安排，所以越早起床越好，越主動越好。這世界上大多數優秀的人即便在低谷期也能保持主動的習慣，這真的很重要。

第七，想辦法發展多管道收入。當你還沒有找到理想工作的時候，可以嘗試著去做一些能讓自己活下來的事情，先度過生存期，再去談夢想。別覺得做微商、銷售等工作丟人，任何合規的工作都有價值，都能幫助別人。發展多管道收入是未來維持穩定生活最重要的方式。大量研究發現「3」是一個很有意思的數字，當一個人具備3種或3種以上的收入來源時，這個人就會生活得很穩定，因為當意外來臨，失去了一種收入來源時，他還有另外的收入來維持生活。

第八，永遠不要拖延。拖延是貧窮的重要原因。成功有很多障礙，而最大的障礙就是拖延。造成拖延的原因很多，比如缺乏工作激情、對世界漠不關心等。而打敗拖延最好的方式就是立刻去做。比如你決定去跑步，就馬上去買一雙跑鞋；你決定去讀書，就馬上去圖書館找到這本書。只要你邁出第一步，你就會發現事情簡單許多，而且你的心胸開闊了很多，心中充滿了成就感。

第九，尋找成功導師。大多數優秀的人都有尋找成功導師的習慣，這位導師很可能不是你的父母，而是你生命中對你的成長發展和轉變起到了重要引導作用的人。如果你今天在聽我的課，看我的書，並受到啟發從而開始改變，那我也可以成為你的導師。在網路越來越發達的今天，原來你可能根本無法見到的人，現在有太多的機會接觸到，只要你願意付出時間、精力、金錢，積極尋求交往，他甚至可能成為你的朋友。

第十，永遠保持樂觀。所謂樂觀，並不是遇到挫折不沮喪，而是沮喪完之後依舊能站起來，奔跑向前。我教你一個保持心態樂觀的方法，就是經常問自己「如果……該怎麼辦」。比如：「如果創業失敗了怎麼辦？」「如果被炒魷魚了怎麼辦？」「如果演講中忘詞了怎麼辦？」「如果婚姻不幸福，最後離婚了怎麼辦？」當你開始問自己這些問題時，你會發現你慢慢能想到很多應對的方法，哪怕之後真的遇到了這種情況，你也能儘快平復心情、積極應對。

第十一，描繪生活的藍圖。通俗一點來講，就是要給自己「畫大餅」。日常生活中，你不只要聽上司給你「畫大餅」，你也要給自己「畫大餅」。我的一個學生，他的夢想是考上北京大學。他的父母問我：「我家孩子怎麼樣才能考上北京大學啊？」我說：「等暑假的時候，你們能不能帶他去北京大學轉一圈？」果然，他在參觀了北京大學之後，開始想：「如果有一天我能在這個校園裡學習該多好啊！」回到家後他加倍努力地學習，最後如願以償地考上了北京大學。你想過什麼樣的生活，就盡可能把它描繪得細一點，在腦子裡把圖像給固化下來，預演未來。慢慢地，你會越來越接近自己的理想生活。

第十二，永遠做自己想做的事，追求激情的所在。你永遠不可能一直做自己不喜歡的事情，還能賺到錢。哪怕一時因此賺到了錢，也不可能持續賺到錢。它一定是無法持久的。很多時候，激情比教育和智慧還要重要，比營運資本還要重要。所以，你要思考一下自己到底想要什麼。去做自己喜歡的事情，並做到足夠厲害，讓自己成為不可替代的人。做自己喜歡的事，才會事半功倍。

第十三，執著。事業成功的人幾乎不可能沒有遭遇過打擊，但是他們很快就能收拾好殘局繼續嘗試，這就是執著。所謂執著，就是你在一個地方跌倒過、失敗過，甚至絕望過，但是你依舊能夠重新站起來。大多數人之所以普通是因為失敗了之後就放棄了，而真正能堅持的人，一定能創造新的輝煌。

第十四，不從眾。如果你在追求成功的道路上，希望做出與眾不同的事情，開拓新的道路，那麼恭喜你，你開始慢慢具備了自我。但請注意，不從眾，並不是不合群。你需要去尋找和你有共同目標，或者能對你有所幫助的人，打造自己的新群體，吸引別人的注意力，但一定不要亂合群以及合沒有意義的群。

第十五，保持良好的禮儀。保持良好的禮儀其實特別簡單，就像是在別人飢餓時遞上一個饅頭，睏倦時遞上一個枕頭；在生日時為對方送上賀卡，在逢年過節時給對方發送祝福短信；和對方說話時看著他的眼睛，一起吃飯時不要吧唧嘴；與人會面時，做得體的自我介紹；當朋友、同事需要你的時候出現在他的身邊……生活中做的一系列幫助他人、關心他人的小事，都是良好禮儀的體現。

第十六，提攜和指導他人。當你到了一定的階層，開始具有一定的影響力時，請一定要記住多提攜晚輩、後輩。就像我在文學圈和出版圈深耕多年，雖然年紀不算大，但已經算是一個前輩了，所以我經常提攜一些年輕的小夥伴，因為我覺得他們肯定有更好的故事呈現給讀者。等他們慢慢有了資歷，他們可能在各個領域中做得更好，之後說不定能反過來提攜我。這就是一種正向迴圈。

第十七，尋找支持者，避開惡意評價。每個人都會遭遇惡評，且多數惡評都毫無價值，只是惡意的詆毀，所以千萬不要陷入惡評帶給自己的負面情緒中，否則你絕對走不遠。我們要善於從褒獎中看到進步的機會，從惡評中看到急需解決的問題，這樣才能不斷進步。

第十八，相信自己。如何做到相信自己？比如給未來的自己寫一封信，寫一寫你希望自己在離開這個世界的時候，別人能用什麼樣的話來評價你。再比如，列下你的夢想清單，看看接下來的五年中你最想實現的夢想是什麼，然後應該怎麼做。

第十九，將思考變成日常習慣。閒暇時就多琢磨一下，我的經濟狀況還好嗎？我怎樣才能賺更多的錢？我身邊可靠的朋友多嗎？我陪家人的時間多嗎？我要用什麼樣的方式改善我的業務關係？我最近的運動量足夠嗎？我做的事情讓我感到快樂嗎？為什麼快樂？為什麼不快樂？多花時間去思考一下這些最基礎的問題。

第二十，尋求回饋。我們往往因為害怕批評而不去尋求別人的回饋，但實際上我們只有通過回饋，才能知道怎樣做是對的，怎樣做是錯的。雖然說不要過於在意別人的評價，但有時需要你主動去詢問別人，尤其是重要之人的評價，無論這些評價是正面的還是負面的，我們要做到有則改之，無則加勉，然後時常更新自己，做正向迴圈。

這些習慣如果你能堅持至少五個，那麼你會發現，你的生活將發生很大的改變。

最後，希望你記住三句話：第一，無論是誰，除了你的父母，都無法接受你突然變得很優秀，這其中包括你最親近的朋友。雖然這個認知很殘酷，但大多數情況下現實就是如此。第二，當你的見識和見解超過大多數人的時候，如果你總是表現出某種優越感，那你一定會成為一個不受歡迎的人，所以有些時候要學會閉嘴。第三，低調和謙虛是必要的自我保護方式，高處不勝寒。即便你做得再好，也要學會把自己的工作說得差一點，避免招致嫉妒和誹謗。

思考題

你覺得以上這二十個習慣中，你急需做到的是哪五個，你認為它們會給你帶來什麼樣的改變呢？

第五章

看透人性本質，過從容的生活

21

人性本色：人為什麼會自卑？

這些年我一直在研究當代年輕人的困擾，我發現其中困擾他們最多的一個問題是自卑。那麼為什麼每個年輕人都會陷入自卑的困擾中呢？以及，我為什麼會說是每一個人呢？在我開講之前，我先跟你分享關於三個孩子的故事。

有三個孩子被帶到動物園裡，他們面前站著一頭獅子，第一個孩子躲在母親身後，渾身發抖，說：「媽媽，我要回家。」第二個孩子站在原地，臉色蒼白，用顫抖的聲音說：「我一點也不怕。」第三個孩子目不轉睛地盯著獅子問：「媽媽，我能不能朝牠吐口水？」

請問這三個孩子哪個是自卑的？

看到這兒，你可以稍微停一下，思考一下這個問題。到底哪個孩子是自卑的呢？我來告訴你答案，那就是這三個孩子都是自卑的。沒有想到吧，其實每個人都自卑。自卑是人性的底色，沒有人是不自卑的。為什麼呢？因為自卑是促使個體前進的動力。人有了自卑，才有了超越自我的可能。

你可能會想，那個想朝著獅子吐口水的孩子怎麼也自卑呀？是的，他也自卑，只是他的自卑所呈現出的形式不一樣。就像有的老闆，天天PUA你，動不動就罵人，每天說話的聲音比誰都大，好像看不起任何人，給人感覺非常自負，但有可能他才是那個最自卑的人。另外多說一句關於人性的秘密：人動不動發脾氣，是無能之舉。之所以老發脾氣，是因為沒有底氣了，因為遇到了難以處理的事情，感受到了壓力，這是能力不足的表現。接受不了就改變，改變不了就放手，這才是高情商人士的處世之道。

而人之所以會自卑，就是因為只有自卑，我們才有動力去超越過去的自己。換句話說，你只有知道自己不夠好，才會尋求進步，完成反覆運算和更新。

我想你應該知道我要跟你說什麼了：如果你感到自卑，沒關係，因為每個人都是這樣，你並不孤獨，你只需要知道這是你人性底層的色彩。但你不能因此而選擇躺平，你要想辦法超越自卑，讓自己變得更好，這樣才能真正解決自己的自卑問題。

我有一個朋友，是一個女孩子，她是一個非常自卑的人。

因為她的身材不夠完美，她覺得自己一點也不好看，尤其是跟男朋友談戀愛時更感到自卑。結果沒想到男朋友鼓勵她說：「我喜歡你又不是因為你的身材，而是因為你知書達禮。你很感性，願意跟我分享你的進步經驗，你也總是溫和地聽我訴說。更何況我覺得你的身材已經很好了。」她一聽，發現自己還有這麼多優點，一下子就樹立了信心，超越了自卑。她是怎麼超越自卑的呢？請注意，她並沒有改變自己的身材，而是思想上做了轉變：一方面把關注點集中到自己的優勢上，一方面認可自己並不完美的身材。

你看，是她的認知改變了。她開始明白她不是靠好身材獲得他人的喜歡，而是靠自己的性格和才華。於是，她開始寫書，開始錄課，她的課越講越好，喜歡她的人也越來越多，接著她變得越來越自信。所以我想跟你說的是：你永遠不要只盯著自己的弱點，而是要去磨練自己的優勢。再者說，就像我之前講過的，垃圾是放錯位置的寶物。缺點，換個角度來看也可能是優點。

這些年，我特別喜歡的一位心理學家就是阿德勒。阿德勒跟佛洛伊德最大的區別是，他不相信原生家庭可以對一個人造成致命的打擊，他認為個體總有選擇。他認為，不是每件事情都只能怪罪自己的原生家庭，也不是每件事情都要從童年去找原因，同時他認為自卑是成長的原動力，於是他寫下了不朽的名篇《自卑與超越》。

阿德勒認為人戰勝自卑的方式是補償和超越，簡單來說就是發展自己的優勢，來彌補自己的劣勢。人最忌諱的就是在自己不擅長的領域裡深耕，不擅長的事情做久了，人就會變得不自信，自卑感就會如影隨形。自卑原本不可怕，可怕的是如果你一直在那個自卑的環境裡悲觀性反芻，一遍一遍地說「我不行」，你就會變成習得性無助，自我否定，自然就無法完成超越了。

所謂超越，其實就是遇到更好的自己。自卑是一個人刻在基因裡的天性。人類之所以會進步，就是當我們感到自卑的時候，能去戰勝它、超越它。

很多看起來難以理解的行為其實都有另外的含義，比如孩子的叛逆行為，很多時候是在呼喚愛。當我們看到一個孩子做出一些讓人無法理解的行為時，我們一定要先問自己幾個問題：他這是在幹什麼？他這樣做的目的是什麼？他知道自己內心的真實需求嗎？很多時候就是因為不知道自己內心的真實需求，人才會產生非常奇怪的反應。阿德勒講過一個病人，這個病人有很嚴重的頭痛，每次遇到一點不順心的事情就開始發作，而且非常疼。他去醫院看過很多次，醫生開了很多藥，都沒有用。後來阿德勒發現，他之所以會有這樣的症狀，是因為他自己選擇了疼痛。他為什麼會選擇疼痛呢？因為他只要一遇到不想做的事情，就會說自己頭疼。他把頭疼當成一個逃避的藉口，而且他自己也沒有意識到他的頭疼是自己選擇的。

很神奇吧，人真的能選擇讓自己痛苦。有段時間我也有這種感覺，當我不想做什麼事時，我就開始肚子疼，頻繁上廁所，但去醫院做檢查後卻沒有發現任何問題。後來我才知道，這是一種非常典型的「不知道自己的目標」的狀態。所以，你在做一件事情的時候，要弄明白做這件事的真實目標是什麼。

比如我身為一個作家，2014年出道，出道即巔峰，第一本書的銷售量就將近300萬冊，說實話這是一個很不錯的成績。可是當時他們是怎麼宣傳我的呢？說我是「偶像作家」，把我跟很多「小鮮肉」放在一起。當時我很難過，因為我覺得自己長得並不好看，甚至每次照鏡子時都會感到自卑，哪有長得這麼普通的偶像作家呢？我可能確實讀了點書，能寫出點有用的東西，但真的沒有太多長相上的優勢。所以他們當時建議我少露面，多寫作，拍一些帥氣的照片，然後精修。就這樣，我在創作的過程中，每天都感覺很痛苦，我不敢去見讀者，甚至有一段時間想去整容。如果你是我的老讀者，可能發現很長一段時間裡我一會兒胖，一會兒瘦，因為我當時曾刻意去減肥。

其實，我所有的苦惱和這些行為，都是因為我選錯了目標。因為選錯了目標，所以我開始自卑，我沒有花時間打磨我的作品，反而不停地進行身材管理，甚至想要整容……現在回想起來，那段時間，我是真的被錯誤的目標搞得過分自卑了，我的心理、習慣和生活態度都發生了變化。我把我的目標錯定成了變好看，但這不是我發展的方向，也不是我擅長的領域，所以我才產生了巨大的自卑感。

後來我慢慢明白，我就是一個長得很一般的人。既然如此，我為什麼不去打磨我的才華，寫更多的書，寫出更漂亮、更有深度的文字，創作出更能震撼人的作品呢？這才是我能超越的地方啊！那一刻，我樹立了正確的目標，我開始好好讀書、寫作，隨著我的作品越寫越好，越來越多的人開始看我的書，慢慢地我就不再自卑了。現在，他們說我在錄製短影片的時候有一種「迷之自信」。我也終於明白，一個人只有找到了適合自己的賽道，並且堅定前行，才能實現自我超越。人要經常思考自己的目標是不是正確、合適，因為你的目標往往就是導致你自卑和生活糟糕的本質原因。

這裡有一個相關的故事。一個十六歲的女孩，被送到阿德勒那裡進行心理治療。她從小就有很多叛逆的行為。後來阿德勒在幫她尋找行為目標的時候，發現在她兩歲時，她的父親和母親就離婚了，她被母親帶到外祖母家中撫養，外祖母很喜歡她。但是在她剛出生的時候，也是父母爭吵最激烈的時候，因此她的母親對她的降臨並不期待，反而很痛恨。一個女孩子從小不被自己最為依賴的母親喜歡，她的心態當然會發生變化。所以她潛意識裡就給自己設定了一個目標，就是怎樣讓媽媽不高興就怎樣去做。她跟阿德勒溝通的時候坦言：「很多事情我其實並不喜歡做，但是只要讓媽媽感到不舒服，我就會很高興。」

她這樣做的目的是什麼呢？就是要證明她比自己的母親強，證明自己值得被愛，如果不能達到這個目的，那就狠狠地報復。她之所以有這個目的，是因為她一直覺得自己比母親弱小，所以母親不喜歡她。她飽受自卑的困擾，她認為自己只有讓母親生氣，讓她無可奈何，才能表現出自己的優越地位。但其實這個女孩行為的本質，是在呼喚母親的愛。

你看，目標錯了，人的行為就會產生偏差。實際上，很多人行為上的偏差，本質上都是在童年時定錯了目標。人們的很多反常行為都跟父母有關。只有看清了這個問題，把它糾正，並找到新的正確的目標，人們的世界才能真正清晰起來。

前面我也說過，我一直不太同意原生家庭決定論這一觀點。原生家庭的確給我們的生活造成了很大的影響，但請你一定要記住，它不是絕對的，也不是命中註定的，它是可以改變的。尤其當你開始主動接觸一些心理療癒的方法，主動接觸心理學，主動瞭解人性，並開始瞭解自己的內心，開始對遺憾放手，並認真過自己的生活時，它改變的可能性就很大。那我們具體應該怎麼做呢？

我們可以從三個維度改變我們的思維方式。**第一，找一份長久並持續產生回報的工作。第二，和優秀的人合作且相處。第三，有一段彼此滋養的良性關係。**下面聽我一個個跟你說。

第一，為什麼要找一份長久並持續產生回報的工作呢？這裡有一個現實案例，我的一個朋友前段時間失戀了，她說自己之所以愛上那個人，是因為那個人比她優秀，而他最後把她甩了，這讓她產生了嚴重的自卑感，她感覺自己太差了，所以才不被喜歡，才會被拋棄。但有意思的是，之後，當她開始全身心投入工作中，並取得了很好的業績時，她發現那種自卑感沒有了，她有了更強的自信感和掌控感。現在她天天和我們說賺錢的快樂。所以，當一個人有一份長久且持續產生回報的工作時，更容易走出自卑。

第二，為什麼和優秀的人合作能夠讓人產生很強的自信心呢？因為沒有誰可以憑藉一己之力在地球上生活，如果不合作，人類是沒法延續下去的，學會合作分工，才是人類幸福生活的保障。而和優秀的人合作，可以讓我們看到更多進步的可能，幫我們找到前進的目標。讓我們更容易取得成功，因此也就更容易獲得自信。

同時，在分工合作中，我們也要善於看到別人的作用。我有時候會特別感慨阿德勒在19世紀30年代就能說出這樣的話：母親的工作被過分低估，母親照顧孩子也是工作。所以不是父親比母親地位高，而是父母分工合作。一個家庭幸福與否，母親的工作和父親的工作是一樣重要的。這是在1932年時，阿德勒寫下的讓人振聾發聵的文字。可看看我們身邊，還有多少不平等的事情？除了男女性別的歧視，還有學歷的歧視、地域的歧視等，很多時候，我們總是看重自己的條件而輕視別人的努力和付出，這何嘗不是一種不夠自信的表現呢？

第三，就是要有一段良性關係，這一點重點體現在良性愛情和婚姻上。好的愛情和婚姻都能滋養人，但這樣的關係是可遇而不可求的。其實，無論是好的愛情，還是好的婚姻，都是一段好的合作，而這種合作本身，會讓人遇見更好的自己，從而實現超越。這種合作的關鍵在於，對於情侶、夫妻來說，雙方是平等的夥伴關係，如果一方優秀太多、太過強勢，而另一方需要不停地追逐、遷就，那這段感情最後往往只能以悲劇收尾。所以，在感情合作的過程中，我們千萬不要覺得自己是對方的附屬，或者對方不如自己。好的情感關係會讓我們超越自己，而壞的情感關係只會讓我們更加自卑。所以，我們要看到彼此的優勢，幫助彼此進步，這才是一段能滋養彼此的持久的良性情感關係。

思考題

你自卑過嗎？你做過什麼讓自己完成自我超越的事情嗎？

22

認知覺醒：
為什麼別人不尊重你？

這篇文章很短，但是振聾發聵，它是來自人性底層的一個質問：為什麼別人越來越不尊重你了？

我先從自己犯過的兩個錯開始講起。我曾經在創業過程中犯過兩個錯誤，第一個就是什麼都和我的員工分享，第二個就是帶著我的助理天天胡吃海喝。這兩條都讓我吃了虧。這樣做的結果就是：我的員工跟我沒大沒小，我的助理開始得寸進尺。一開始我還覺得這說明我人品好，是一個平易近人的老闆，一定會得到員工和助理的尊重。後來我發現結果恰恰相反，我的員工覺得我這個老闆沒什麼了不起，也沒有威嚴。我助理的行為則更加過分，他將我當成了一個跳板，並且在飯局上接觸各位「大佬」之後，開始看不起我，反而覺得自己十分厲害。後來我的助理和那幾位員工都離職了，我開始反思，這是我的問題嗎？我對他們那麼好，但為什麼得到這樣的結果呢？仔細想過之後，我發現這確實是我的問題，因為沒有界限的情感是得不到別人的尊重的。

如果一個人在你面前想說什麼、想做什麼都沒有界限和禁忌，那麼他不會因此覺得你是一個好人，也不會覺得自己得到了自由，只會覺得原來我不尊重你也是可以的。

這是我吃了很多虧之後才理解的一個人性的真相。

當你對一個人太好，走得太近，什麼都跟對方分享時，可能對方並不會覺得你學識淵博、經驗老到，或者親切熱心，他只會覺得你沒有界限、沒有威嚴，自然也不會尊重你了。

還以我和我的助理的關係為例，我的助理在我出去應酬的時候基本只負責兩件事情：在我請人吃飯時把菜備足，在我喝多時確保叫個車把我送回去。有一次我應酬到半夜，給助理發了一條訊息：「你幫我叫個外賣。」因為我和幾個朋友只顧著喝酒沒怎麼吃飯，胃裡火辣辣的很難受，而當時因為時間太晚，餐廳也不供應食物了。但我等了很久之後，只看到他回了我一條訊息，說：「大半夜吃什麼外賣。」那一刻，我有點震驚於他對我態度的隨意。還有一次，我帶他去參加一個飯局，他竟然喝得比我還快，先喝多了，最後還是我給他叫了個車送他回去。

但我對他的溫和和寬容，並沒有讓他覺得我是值得追隨和尊重的，只讓他覺得他自己十分重要、他本就值得這樣被重視，可以說是我把他慣成了這樣。我也因此慢慢明白了社會上的一個交友法則：關係越近，越容易讓人覺得你沒有威嚴、不被尊重；相反，距離產生神秘感，也產生尊重。

這並不單純是針對上下級關係來說的，在很多關係中都是這樣。當你談戀愛的時候，你對對方無限好、無限地包容，無論對方對你做了什麼，哪怕是背叛，你都可以原諒，都不忍心傷害、拒絕對方。這會讓你得到對方的愛嗎？不會，這只會讓對方覺得你好欺負，從而得寸進尺，一點都不把你的感受當回事。

所以在這一節的內容中我想告訴你，**成人世界裡的交友規則就是：待人別什麼都往外掏，逢人說個三分話，保持點神秘感。這是成年人最後的體面。**就算是你的父母、你最好的朋友、你的伴侶，你也不要什麼都講。因為你講得越多，把自己剖析得越徹底，別人越容易看透你、看輕你，而對你產生一種輕蔑感。就算是對待最親的人，我們在分享時也要留個20%~30%的餘地，這是一種智慧。因為在人們的心裡，天生對神秘的人有所期待和尊重。

總之，想要獲得尊重，不是靠盛氣凌人的指揮，更不是靠口無遮攔的表達。它需要真心，也需要尺度，希望我們都能獲得他人的尊重，共勉。

思考題

你是否有過對別人講得越多、自我剖析得越徹底，卻越不受對方尊重的經歷？具體是怎樣的？

23

思維突破：怎麼迅速與人搞好關係？

怎樣和他人搞好關係呢？我來跟你分享五個關於人際交往的心理學效應，用好其中任何一個都能夠提高你在人際交往中的一些基本能力。

第一個叫富蘭克林效應，它來自一個故事。富蘭克林在當上了州議員秘書之後，想爭取另一位國會議員的支持。但這個國會議員跟他的關係一直不好，甚至還曾在背後說過他的壞話，並且是一個出了名的鐵石心腸的議員。富蘭克林想：「我該怎樣得到他的支持呢？」他並沒有像普通人那樣，恭維議員或者給議員送禮物來討好他。他另闢蹊徑，打聽到議員家有一本珍藏的書，於是寫信找議員借閱這本書。沒過幾天，書就被寄過來了。過了一段時間，富蘭克林又把書寄回，並附上一張便箋，鄭重地表達了感謝。有趣的是，從那之後，這位議員和富蘭克林的關係發生了很大的變化，他開始對富蘭克林表現出友善的態度，最後兩人竟成了好朋友。很多人對此感到很詫異，而富蘭克林說：這是必然的，因為相比起那些被你幫助過的人，那些曾經幫助過你的人，會願意再幫你一次。

為什麼呢？因為讓別人喜歡你的最好方法並不是去幫助他們，而是反過來讓他們幫助你。你思考一下，有多少人是因為幫助了你之後，才成為你的朋友的？又有多少人是在你借錢給他之後，他反而與你反目成仇？如果你想要跟一個人交朋友，就要讓對方付出一點，哪怕只有一點，他也會體會到被需要的感覺，因而願意成為你的朋友。每個人都有被需要的需求，所以如果你想要和一個人建立關係，你千萬不要傻傻地只是默默為他付出，你要學會讓他為你付出，這樣他或許更覺得你懂他、重視他，你們的關係才能更加密切。這是一種反向獲取人脈和關係的好方法。

第二個叫戈培爾效應。在講述這個心理學效應之前，我先來跟你分享一個我朋友的故事。我的朋友是一個銷售人員，他有一個「特異功能」，就是能以很快的速度跟別人搞好關係，無論那個人是誰。我曾問過他這其中的秘訣是什麼，他很真誠地跟我做了分享。他說有一次他跟一個老闆交流，他先在這個老闆的辦公室門前來回走了三趟，而老闆抬頭看了他三眼。到第四趟時，他才提出了自己的訴求，老闆也答應了他。為什麼？因為他在老闆的辦公室門前晃來晃去的時候，老闆已經熟悉他了。我一開始沒搞懂這其中的道理，後來明白了，這就是戈培爾效應在起作用。

戈培爾是納粹黨的黨徒，也是二戰時迫害猶太人的戰犯。戈培爾有一句眾所周知的名言：謊言重複一百遍就會變成真理。

這其實也是人際交往中的一個很重要的細節，就是當你不停地出現在別人面前時，別人會覺得「這個人我好像在哪兒見過」，以至於對你產生很強的熟悉感，認為「你是我的朋友」，於是會更容易同意你的請求。社交學裡，有一個概念叫「出現」。什麼叫出現呢？就是你時不時地在他的朋友圈裡或者評論，偶爾對他噓寒問暖一下，節假日時對他進行一下問候，或者你倆有什麼共同的愛好，平時就一些相關活動或者話題進行一些討論。這樣的出現會讓他感覺你與他之間的距離並不遙遠，哪怕你們一年也見不上一次面，但等到見面時依舊感覺彼此很熟悉，可以自在地交談，而且可能比一些更親密的關係更讓人感覺輕鬆自在。

這就是戈培爾效應，也叫熟悉效應。它告訴你，多刷存在感，對於社交來說，有時也是很重要的。

第三個是蔡格尼克記憶效應。什麼是蔡格尼克記憶效應？

它是指一個人對於已經完成的事情會很快拋諸腦後，但對於未完成的事情則會一直放在心上。1927年，德國心理學家蔡格尼克把32名受試者聚集在一起，讓他們去做22種不同的任務，允許半數人完成全部任務，而另外半數人則被中途阻止，不讓他們完成全部任務。做完實驗之後，蔡格尼克讓受試者回憶剛才他們做了什麼。結果沒有完成任務的人平均能回憶起68%，而完成任務的人平均只能回憶起43%。這就是蔡格尼克記憶效應。

這種心理效應在生活中處處都有體現，比如信寫了一半，筆突然沒水了，接下來你會痛不欲生地去找筆，因為不把它寫完心裡太難受了。再比如一本小說讀了一半，哪怕明天早上有事，你可能也要熬夜把它讀完。再或者看電視劇時，每一集的結尾都會吸引你迫切地想要看下去，你想知道劇情走向何處，主角到底遭遇了什麼。同理，在與他人交往的過程中，如果你想讓別人更好地記住你，你就要給對方留下一個「鉤子」，說一半話，引起對方的好奇心，讓他更期待之後與你的聊天，以獲得更多交流的機會。像我有次和朋友結束吃飯時跟他講，我有一本書想要帶給他，但我忘記了，下次一定帶給他。還有一次，我跟朋友說有一件事想跟他說，但今天人太多，不方便講，下次我單獨請他吃飯，跟他分享這個故事。這樣一來，我們下次的約見就很順利。

第四個叫光環效應，也稱暈輪效應。美國心理學家阿希做過一個實驗，他給中學生受試者看過一張寫有五種品質的表格，這五種品質是聰明、靈巧、勤奮、堅定、熱情。阿希要求受試者想像一個具有這五種品質的人。中學生普遍把這個人想像成一個有理想的、友善的人。然後他把表格中的「熱情」一詞換成「冷酷、殘忍」等消極的詞，接著再要求受試者去想像，果然這次中學生們想像出來的都是一個壞人。這就是光環效應。光環效應是指在人際交往中，我們常把對方所具有的某個特性，泛化到其他有關的一系列特性上，根據掌握的少量情況對一個人做出全面的評價。簡單來說就是，如果你覺得一個人不錯，那麼你就容易賦予他其他好的品質，哪怕你從來沒有見過這個人表現出這種品質。

這也是為什麼說情人眼裡出西施，因為你愛對方，所以你覺得對方做什麼都是對的，覺得他就是最好的。你看到了他的一個優點，就覺得這個人十全十美了，就算他做錯了什麼事情，你都會覺得他天真可愛。

在人際交往中，我們往往會因為對方的某個優點而高估他，由不全面的資訊而形成完整的印象。比如我們在買一本書時，有時會選擇明星推薦的某一本書，一方面可能是源自愛屋及烏，另一方面可能覺得他們推薦的書肯定有很厲害的地方。但是，一個在表演上有天賦、有很高水準的人，並不一定是選書的專家，也並不一定讀了很多書，可是你的潛意識會覺得他在這個領域中做得很好，那麼在其他領域也有很大的發言權。這就是光環效應在發揮作用。所以，如果你想跟一個人成為好朋友，你一定要讓他知道你的「光環」，讓他看到你某一方面的閃光點，這樣他會將你的光環輻射到你的其他方面，認為你是一個很優秀的人，從而願意跟你交往。同理，當你看到某一個人在某方面很厲害時，這並不代表他在每個方面都很厲害。一個工作能力很強的人，並不一定在家庭生活中佔有優勢；一個社會地位很高的人，並不一定在感情生活中很順利；一個賺了很多錢的人，並不一定在閱讀方面有很大的成就；一個長得很漂亮的人，並不代表他在藝術方面有多高的水準……當你懂得了光環效應，就能避開認知中的一些誤區。

最後一個叫首因效應，也被稱為第一次見面效應。人們對一個人的瞭解很大程度上依賴於對他的第一印象。第一印象好，繼續交往的積極性就高，這也是英文中說的「first impression matters」。第一印象太重要了，比如，你在一個派對上看到一個氣質非凡的男人，特別想認識一下對方，在和對方接觸之後，你發現對方的言談舉止很有修養，那麼在這之後每次看到這個人，哪怕他表現平平，你都會覺得他真的很棒。其實你不知道，這是你對他的第一印象影響了你後面的判斷，這就是首因效應。

你第一次見到一個人時，就會產生一種先入為主的感覺，一個人給你的第一印象往往是鮮明的、熱烈的、過目難忘的。所以，當你和對方進行第一次約會時，你最好好好打扮一下，拿出你最好的狀態，因為第一印象非常重要。還有就是在飯局上，當有新人加入的時候，你需要稍微注意一下禮貌，不要把熟人之間的那種隨意用到新人身上，否則可能讓對方覺得你很粗魯，這樣你可能會失去一個認識新朋友的機會。

這五個常見的心理學效應，對於我們的人際交往有很大的啟發。瞭解了這五個心理學效應，你是不是意識到你日常交往中有一些不當的舉措了呢？是不是知道怎樣更好地與人交往了呢？用好人性心理學，我們就能成為更優秀的自己。

思考題

你準備如何運用這五個心理學效應來改善你的人際關系呢？

24

吊橋實驗：
TA為什麼會愛上你？

我曾在我的微信後台看到一個問題：學習心理學和研究人性，能夠讓對方愛上我嗎？換句話說，當我在追求一個女生的時候，有什麼理論能夠幫助我嗎？當然是有的。下面我就舉一個簡單例子：吊橋實驗。

這是一個非常有名的實驗。一名研究者找了一個漂亮的女孩子作為研究助手，讓她到一些大學男生中做一項調查。調查非常簡單，首先讓男生完成一份簡單的問卷調查，然後根據一張圖片編一個故事。實驗的特別之處在於，參加實驗的大學生被分成了三組。第一組被安排在一個安靜的公園內，第二組被安排在一座堅固的石橋上，而第三組最有意思，被安排在一座危險的吊橋上，並且吊橋會晃。這位漂亮的女孩子在對每一位大學生完成了簡短的調查之後，都把自己的名字和電話號碼告訴了他們，並說：「如果你想跟我聯繫，可以打電話給我。」

這個實驗關注的並不是大學生們會編出什麼樣有趣的故事，而是誰會在實驗後給這個漂亮的女助手打電話。結果特別有趣，參加實驗的大學生編的故事雖然千差萬別，給女助手打電話的說辭也各不相同，但在危險的吊橋上參加實驗的大學生給女助手打電話的次數最多。他們編的故事裡，也大多都有愛情色彩。為什麼？這就是我們要說的**吊橋效應**。

這些大學生都是普通的大學生，並不會一下子就喜歡上這個女助手，但是吊橋效應卻在這個過程中起到了很大的作用。大學生提心吊膽地站在吊橋上，會不由自主地心跳加快，這個時候他看到自己身邊漂亮的女助手，會誤以為是對方讓自己心跳加速。因為心跳加速、瞳孔放大，這些都是愛情到來的標誌。於是吊橋上的大學生會更傾向於認為自己對女助手產生了好感，因此紛紛給她打去電話。我想你應該知道為什麼男生喜歡帶女朋友去看恐怖片了，這個過程中產生的吊橋效應確實會讓女生產生更加喜歡對方的錯覺。反之，男生也是一樣的，他們也會把環境帶來的心跳加速誤認為是愛情。

所以這一節，我想通過人性跟你聊聊怎樣去理解愛情。很多人把愛情想得很難以捉摸，但其實愛情就是苯乙胺在起作用，這個我們在前面也提到過。是這種化學物質注入身體後的心跳加速、瞳孔放大，讓你體會到了愛情的刺激，只可惜它來得快，去得也快。那麼，該如何更好地讓愛情保鮮呢？在談戀愛的過程裡，人性和心理因素就顯得非常重要。下面，我來跟你分享幾個有關的原理。

第一條，第一印象很重要。前面已經說過第一印象的重要性，在戀愛關係裡，尤其是對於男生來說，因為女生基本都會打扮一下。這裡我對男生的建議是，第一次約會時，出門前一定要打扮一下，因為女生看你的第一眼就知道你是不是一個邋遢的人。你不一定要化妝、噴香水，但你至少要洗個頭，稍微整理出一個髮型，然後搭配一身不要顯得那麼廉價的衣服。為什麼要這樣？因為從人性層面來看，一個女人看一個男人值不值得託付終身，很重要的一點就是看他的物質條件。如果她看到你的物質條件還不錯，她的內心深處就會對你產生認同感。注意，女孩子恰恰相反，穿得簡單大方一點就可以了。因為大多數男生不會太在意你塗了什麼顏色的口紅，揹著什麼牌子的包包。所以女生在打扮上不需要很用力。那麼，你如何確定對方是否對你一見傾心呢？那就要注意對方的表情了，如果他忍不住放大瞳孔盯著你看，嘴角微微上揚，這說明他可能愛上你了。

第二條，一段戀愛關係的建立往往分為五步。第一步是彼此目光相交，瞳孔放大。第二步是交談，你要主動去跟對方聊天，即便你們彼此並不認識，但在瞳孔放大的前提下，你們彼此之間哪怕只互相道了一聲「你好」，都是關係進步的開始。第三步是面對面，當兩個人聊到一起，聊得高興的時候，開始面對面，說明關係又進了一步。第四步是輕微的身體接觸。彼此在聊得很開心的時候，會隨之產生一些微妙的肢體動作。這些動作很自然，不是故意為之，但能很好地增進彼此之間的親近感。最後一步叫相似。當你發現你們好像有了一些相似的動作，甚至有了一樣的口頭禪，彼此好像同頻共振了一樣，此時此刻，你們已經擦出了愛情的火花。

那聊天的時候具體應該聊什麼呢？這裡我要教給你一個好方法，叫「我們」法。什麼叫「我們」？熟悉的人之間才會稱「我們」，陌生人之間只會稱「我」和「你」。當「我」和「你」成了「我們」，當「你」成了我的「自己人」，你就會發現我們彼此之間像是打開了話匣子，有說不完的共同話題，從日常的衣食住行，到各類興趣愛好，總能找到彼此合拍的地方，這樣一來，就能很快地拉近彼此的關係了。

還有一招我覺得也特別管用，叫「分享一個秘密」。這個話術中，很能體現人性的微妙——「我跟你說個秘密，你可千萬別跟別人說啊」，不要一上來就講自己最重要的秘密，因為對方不一定能真的保守住你的秘密，就講一些無關痛癢的小秘密，比如你不愛吃香菜、你昨晚做了一個很糟糕的夢。這種分享秘密的信任感會一下子拉近你和對方之間的距離。

我還有一招要分享給所有的女孩子，就是如果男生請你吃飯，應該吃什麼呢？在男生看來，毫無疑問就是吃一些貴的、高檔的食物，覺得這樣更能表現自己的經濟實力，女孩子也希望能得到更好的招待。但女孩子不要這樣做，你可以列一張清單，找一些好吃但不貴的小館子推薦給男生。這個話術叫「我知道有一間不錯的小館子」。既讓彼此吃到了好吃的食物，也不會讓男生太心疼自己的錢包，並產生壓力。

第三條，我們找伴侶會找什麼樣的人呢？很多人認為要找跟自己相似的，或者與自己互補的人。但其實並不是。大量的心理學研究表明，最適合的伴侶應該是相互之間有相似的個性、互補的需求。所謂相似的個性，就是性格是相近的，活潑的更適合活潑的，安靜的更適合安靜的。實際上，對一個人，尤其是陌生人是否有好感，完全由當事人能夠感受到的相似性來決定，比如相似的語言。當他說「我怎樣怎樣」，你就別說「俺怎樣怎樣」，這就叫相似性。男性認為的相似性是，我們要不要一起做某件事，比如你要不要跟我一起看一場球賽？你要不要跟我一起做一頓飯？而女性認為的相似性是，你和我的價值觀是不是一樣，比如你是怎麼看待愛情的？是怎麼理解家庭的？看我們對愛情和家庭的理解是否一樣。這裡多說一句，男性談起婚戀問題不會像女性那麼自在，大多數男性一聊到婚戀問題就會感到非常害怕，尤其是優質的男性，遇到婚戀問題會不自然地迴避。但女性不一樣，女性聊婚姻跟愛情都很自然。

除了相似，就是互補。什麼叫互補？用一句話來說就是：**你想要的一切我剛好都有**。在戀愛和婚姻中，有互補的需求是十分重要的，若不能滿足自己的需求，那這段關係將毫無意義。

對此我的建議是，不要在聊天一開始就提出你的訴求，等你們的感情再和睦一些、穩定一些，你再去提出你的訴求，這樣對方會更容易理解你，也更容易認同你。

第四條，遵循等價原則。自古以來的婚姻都講究門當戶對，所謂門當戶對，就是彼此的階層是一致的，這保證彼此不管是在物質上還是精神上，都更有相似性，更有認同感。我認為這種原則是對的，但它更正確的表達方式應該是——精神上的門當戶對。在一場戀愛中，兩個人的品質越相當，越容易走入婚姻。門當戶對並不是比誰家裡更有錢，我們可以看到很多長得很好看的女孩子也嫁給了很有錢的人，即便她的家庭狀況一般，這是因為在等價原則中，美貌、才華也算一類。美貌也是一種資本，美貌和金錢可以說是一種互補的需求。談戀愛，有點像談生意，但是我們不能直接把生意和愛情畫上等號，因為它流通的「商品」中不僅僅只有錢。

對於戀愛來說，以下六個維度非常重要。第一個維度是相貌；第二個維度是物質和財產；第三個維度是地位和名望；第四個維度是知識和學問；第五個維度是社交風度和性格；第六個維度是人品。在一段戀愛關係中，雙方這六個維度綜合起來一定要達到平衡，尤其是最後一個維度——人品。如果不平衡，關係就會出問題。一旦關係中產生了擁有優勢的一方，那麼這一方就會隱約感覺到自己可以定奪一切事物。

這裡多說一句，在戀愛中，相貌重不重要？當然重要。但男孩子與女孩子對於相貌的看法有所不同。女孩子喜歡的是乾淨清爽的男生、成熟穩重的男士，有著良好的禮儀、清爽的打扮。但男生不一樣，一萬個男生對於女性的相貌會有一萬個評判標準。每個人都覺得自己的伴侶是最漂亮的，大家沒有統一的標準。所以女孩子要多讀書，因為當一個女生書讀得多了，哪怕她並不算傳統意義上的美女，但她擁有了後天形成的氣質，而這種後天形成的氣質是另一種美麗。對於男生也是如此，女生眼中乾淨的男生的形成，也是靠知識洗去粗俗後的結果。

第五條，你必須熟悉雙方之間溝通的語言。比如，女性應該去瞭解男性比較喜歡的話題，比如國家大事、大型玩具、體育等。而男性也一定要熟悉女孩子喜歡的東西，比如星座、穿搭、旅行、美食等，要更多地去談一些生活感受，這比你去聊一些宏觀的、具體的東西要重要得多。關於情感，我一直想推薦一本書，建議大家反覆閱讀，叫《如何讓你愛的人愛上你》。我很喜歡這本書背後隱藏的心理學邏輯。

思考題

你覺得談戀愛時「套路」和真誠哪個更重要？是先使用「套路」還是先表達真誠呢？

25

口紅效應：人性和消費主義

這一節，我想跟你分享一個很有意思的心理學效應，也是經濟學效應——口紅效應。口紅效應是指因經濟蕭條而導致口紅熱賣的一種經濟現象，也叫低價產品偏愛趨勢。

在美國有一個神奇的現象：每當經濟不景氣的時候，口紅的銷量會直線上升。因為在美國，人們認為口紅是一種很廉價的奢侈品，所以在經濟不景氣的時候，也就是在老百姓口袋裡沒錢但依舊有強烈的消費欲望的狀態下，人們就會去購買口紅這種廉價的奢侈品。這其實是對消費者的心理安慰。

如果你洞悉人性，你就會發現商業經常在玩弄人性，讓你口袋裡的錢一點一點地變少。其實商業的發展就是來自人的欲望。商品交換的產生就是基於人們對現狀的不滿和對生活品質的更高要求，而商人就是利用你的這種欲望來掏空你的錢袋。比如買口紅，其實一支就夠用很久了，但是廣告宣傳說不夠，你需要更多顏色的口紅來裝點你的生活，給自己新鮮感。你的生活是不是需要一些儀式感呢？當然需要，於是你買了整個色系的口紅。再比如，你明明知道鑽石不過是一顆石頭，那你為什麼一定要擁有這樣一顆石頭呢？因為它現在代表著愛情，你需要用它來證明自己擁有愛。可鑽石為什麼就代表愛情了呢？這來自廣告商的宣傳。就像近些年來很火的「雙十一」和「6．18」，在這期間，人們瘋狂地比價、購買商品，有些確實是生活必需品，但又有多少是衝動消費呢？就因為感覺價格便宜了，人們就開始瘋狂消費。你看，人性的弱點就這樣在商業中被充分利用了。那具體是哪些弱點容易被利用呢？就是以下這幾點：

第一，欲望。你可能根本不需要一樣東西，但是你被製造了一種需求，就像口紅和鑽石，它們不是生活必需品，但它們是能讓你感覺生活更美好的東西，所以它們也變成了「必需品」。同時低價策略也利用了人性的貪婪欲望，大肆購買減價商品的我們，看似「撿了便宜」，實則「損失慘重」。

第二，社交壓力和認同。你的朋友買了一個昂貴的包包，於是你也一定要購買同款甚至更昂貴的包包，否則你會感覺融入不了她們了。當你的同學買了最新款的手機，於是你也想盡一切辦法去買，因為你覺得你跟他是一類人，怎麼能不用一樣的東西呢？如果不用不就是低人一等嗎？這些雖然都是很沒有必要的行為，但確實是一種真實的社會現狀。

第三，即時滿足感。某個茶飲品牌出了最新款，你要想盡一切辦法，就算排幾個小時的長隊也要喝到第一口，來體驗某種新鮮感。還有現在流行的宣傳語「秋天的第一杯奶茶」，這些都是利用了「即時滿足感」而進行的商業宣傳。

第四，虛榮。很多女生就算沒有錢，每個月省吃儉用，也要買名牌衣服和包包，很多男生沒有什麼家底和資產，也要買名牌手錶，開豪華汽車，就是出於虛榮心。

第五，衝動。每個人都會衝動，當你聽到「僅此一回，今年最低價」時，當你聽到「買一贈十，一次性帶走十一件套」時，可能本來並不怎麼需要這個商品的你，也毫不猶豫地下單。

第六，群體效應。當你看到了「熱賣中」，看到了「已有1000人下單」，可能你會想已經有這麼多人購買，說明那件商品值得購買，那我也得加入進去，於是你就下單了。

商人是怎樣讓你進入他的陷阱的呢？我來跟你分享幾個案例。

第一，消費主義陷阱。我曾經在一個看板上看到一句廣告「愛她，就帶她去太古里」，我當時還沒有感受到它背後的邏輯。直到有一天，陳丹青在一支影片裡點醒了我，他說這背後的消費主義太可怕了，那窮苦的孩子該怎麼辦呢？這些孩子就不愛自己的伴侶嗎？沒辦法帶伴侶去太古里就不配說愛嗎？消費主義在吞噬著一切。你想想看，真的每一樣東西你都要花錢買嗎？這世界上很多美好的東西都是免費的，空氣、大海、藍天，甚至最好的親情、愛情和友情，這些都是免費的。但在消費主義盛行的今天，我們發現好像什麼都得花錢買，不買就不能幸福。而買跟幸福直接掛鉤背後的邏輯是，每一個人都必須賺很多錢，然後買很多東西，才能證明自己幸福。可真的是這樣嗎？

第二，技術陷阱。技術發展的確給我們帶來了很多便利，但是我們發現商業正在利用我們對新技術的熱情推出各種產品，這些產品看似方便了我們的生活，幫我們省了力氣和時間，但是我們真的需要嗎？我曾經腦子一熱，買了一支翻譯筆，花了一萬多，就是為了去日本旅行的時候能方便一些，有了它我就不用學日語了。但等我真的到了日本之後，我才發現這個筆太不好用了，並不是這個翻譯筆有故障，而是我發現我基本上不用說日語，說幾句英語，也能買到自己想買的東西，吃上自己想吃的飯，甚至搭車去想去的目的地。最有意思的是，在日本實際上有好多中國居民、遊客，他們會熱心幫助你，根本不要一分錢。但是我之前就是在不瞭解實際情況的時候腦子一熱，買了這樣一個產品。我認為它是有用的高科技產品，可沒想到我還是變成了「韭菜」。大資料總能抓住你的心理弱點，且能即時捕捉你的需求，及時為你送上你「需要」的產品。但可能你買了之後才發現它們根本沒有用武之地，於是追悔莫及。我買過很多很奇怪的高科技產品，直到今天，我都為此感到深深的後悔。

第三，再不買就來不及了。我們一定看到過很多行銷話術，什麼限時折扣、今天跳樓價、套餐銷售、買一送一。這些聽起來十分具有誘惑性的話語，就是為了勾起你的購買欲望，讓你覺得如果今天不買就來不及了。很多人甚至覺得自己買到賺到，但是你別忘了，只有買虧的，沒有賣虧的。很多東西並不是你本來就想買的，只是你覺得這次不買下次就沒有這麼優惠了，好像不買就虧了一樣，於是你想抓住機會好好地宰商家一筆。當然，這些確實都是商家的圈套。我記得當年大學校門口有一家店不停地喊著「老闆跑路了，今天跳樓價」，而這樣的吆喝，一喊就喊了三年。

第四，虛假需求。《華爾街之狼》裡有一個片段，男主角考驗自己的手下，讓他們把一支筆賣給他。這群手下中有人說這支筆很好，有人說這支筆很便宜；只有一個人說請你幫我簽個名，他說我沒有筆，於是那人說那我把這支筆賣給你。很多時候，我們的需求並不存在，而是被商家製造的需求影響了。如果你在網上搜一搜「你所買過最沒用的東西是什麼」。你再看看下面的評論，會發現很多人都有這樣的經歷：他們在買之前也不知道這東西這麼沒用。這樣的案例有很多，本質都是在利用人性賺你的錢。

所以我們應該怎麼應對呢？

在此，我想跟你分享四個特別重要，可以控制人性，並且規避商業陷阱的方法。

第一，提高自我意識。你要瞭解自己真實的需求和真實的價值觀。你要不停地問自己一個問題：我到底是個什麼樣的人？只有弄清了這個問題的答案，你才能不盲目跟風，才能堅守個人的原則，買自己需要的東西。

第二，理性思考。面對商業策略和廣告誘惑，你要保持理性思考。你要不停地思考一個問題：我買這個東西是因為受我的情緒影響，還是我真的需要它呢？

第三，識別資訊。你要知道一些商家慣用的套路和成交的方式，這樣你就可以判斷你買的這個東西到底是划算還是不划算。

第四，要做好財務管理。千萬不要借錢去花，賺多少錢就花多少錢。不要去借未來的錢，不要去透支未來的消費，花錢的額度要讓自己感到舒服，沒有壓力。還要存一小部分錢來對抗未來的風險。

總之，不要做商業世界的朋友，要做自己的朋友，做自己需求的朋友。

思考題

你有衝動消費的時候嗎？事後感覺後悔嗎？現在你打算如何應對你的這種衝動？

第六章

順著人性成事，逆著人性成長

26

鋼琴樓梯實驗：為什麼你的學習效率低？

當了這麼多年老師，我深知一件事情：學習這件事是反人性的。所有跟成長有關的事情，從某種意義上來說，都反人性，就像減肥、運動。因為它一開始很痛苦，看到成效的週期也很長，所以很容易放棄。學習最痛苦的地方就在於此，你今天背了單字，明天做了習題，但後天看不到成果，可能需要半年或者一年才有檢驗它的機會，這是一場長時間的作戰，需要智慧和勇氣。當然，如果你學習起來非常痛苦，效率又低，還沒有成效，這很可能說明你沒有找對學習方法，你對人性也還不夠理解。因為你不知道如何利用人性提高自己的學習效率，讓自己成為學習高手。

打遊戲為什麼有意思？是因為你按一個鍵，主角就會做一個動作，你打對方一下，對方就會掉一滴血，這樣的及時回饋太讓人開心了。但學習並沒有這樣的及時回饋，而人性的本質是需要及時回饋的。這就是人性，你做每一件事都應該獲得及時的回饋，這樣人性才會得到滿足，如果沒有，你要麼容易放棄，要麼就要想其他辦法。所以如果你是一個會利用人性的高手，你應該明白製造及時回饋才能讓你持續學習下去。

那怎樣在自己的學習裡增加這種及時回饋呢？

我先來為你分享一個人性實驗，叫**鋼琴樓梯實驗**。跟學習一樣，人們也不願意運動，因為運動跟學習一樣都需要延遲滿足。所以如果你有機會去火車站看一看，你會發現無論是拿大包還是拿小包，甚至是不拿包的人，都不願意走樓梯，大家都想搭手扶梯，有時候手扶梯那裡的隊排得很長，而樓梯那裡卻一個人都沒有。同樣的，在工作和生活中，大多數人也都是更想乘坐電梯，沒人願意爬樓梯。雖然大家明明知道爬樓梯對身體有好處，但就是沒有人願意這樣去做，因為運動是反人性的。

那怎麼樣才能讓人樂於爬樓梯呢？大眾汽車在瑞典斯德哥爾摩的地鐵站樓梯上打造了一個非常有意思的台階——把台階按照鋼琴的設計，將每一級台階都用油漆刷成了黑白兩色，像鋼琴的黑白鍵一樣，行人踩上去時還會響起鋼琴的琴聲。

奇蹟出現了，第一天就有66%的人選擇了走樓梯，乘坐電梯的人減少了很多。這個實驗後來在中國也進行了嘗試。

2011年，南京地鐵二號線的台階也被刷成了鋼琴的顏色。

2018年，西安地鐵三號線大雁塔站東西兩側的樓梯也做了同樣的設計。有意思的是，就是這樣一個變化，讓越來越多的人開始走樓梯而放棄乘坐電動扶梯。這是為什麼呢？是他們的人性改變了嗎？不是，是因為添加及時回饋的娛樂元素可以激發人們改變自身的行為，讓他們在運動中找到樂趣。所以，他們做出了更健康的選擇。

我想你應該知道為什麼你或者你的孩子學習效率很低、不願意運動，甚至不願成長了。就是因為當人在做某件非常艱苦，又得不到美好和快樂的回饋的事情時，他是沒有動力去堅持這樣一個痛苦過程的。

可是，如果你像上面的實驗一樣，把你的學習或者運動場地佈置成鋼琴的樣子，你會不會突然間愛上學習和運動呢？當然，我們沒有進行大規模裝修的能力，但至少可以在完成一個階段性的目標後，**給自己設置一些及時回饋**。

分享一個最簡單的回饋方式，就是把你學到的東西講出來或者用起來。我在學英語的時候總是感覺非常枯燥，我會怎麼做呢？我會找一個空房間，在裡面把我剛學到的英文大聲地講出來，或者想盡一切辦法找一個美國人或英國人，拉著他講一遍我今天學習到的英文。當我開始使用它的時候，這個東西就慢慢地變成我的了。這是我給自己製造的回饋，這種學習方式也叫費曼學習法。如果你不想把學到的東西講出來，或者沒人聽你講，你可以把它寫下來，這也是一個特別好的回饋方式。

所以為什麼你的學習效率低？你學10個小時還不如別人學1個小時呢？就是因為別人在偷偷使用這個順應人性的學習方式。他每學習一個知識點，或者看了幾頁書，就會對著牆或者對著別人把學到的知識講出來。你不要小看講出來這個行為，一旦把知識講出來，你的大腦就會明白，這知識已經變成我自己的了，這就相當於我得到了及時回饋。再比如，你今天完成了學習任務，可以獎勵自己去看一集自己喜歡的電視劇，玩一局自己喜歡玩的遊戲，或者吃一頓自己想吃的大餐。這樣的及時回饋能夠讓你產生堅持學習的動力。

同理，運動也是一樣。我會要求自己每天跑5千公尺。跑的時候的確非常痛苦，但是跑完後我會打開運動軟體完成一個記錄。每次記錄我會發現，今天我又離自己的總目標近了一些，這樣我的及時回饋就有了。再比如，我經常會約一些我的讀者朋友和同事去公園裡跑步，每次跑不動了的時候，你看看我，我看看你，我們就知道彼此都沒有辦法停下來。因為別人的目光也是給自己的及時回饋。我不想在別人失望的眼光中結束，所以我必須跑完。

你看，當你意識到可以給自己找到及時回饋時，你就能在學習和運動中找到堅持的動力和樂趣。很多人認為學習是痛苦的，只能咬牙堅持，其實並不是。如果一個人找不到學習中的樂趣，是註定不可能學好的。這就好比你如果討厭打籃球，那你怎麼可能打好籃球呢？你討厭音樂，怎麼可能演奏出動人的樂曲呢？那些善於學習的人一定是在學習中找到了成就感，找到了學習的樂趣，才有了巨大的學習成就。學習註定是痛苦的，但是你要想辦法找到其中的樂趣，並且學會主動去設計這種樂趣。

聰明的學生在學習一門學科之前，會先去培養對於這門學科的興趣，再開始猛攻。比如在學英語的時候，我特別建議同學們先去看幾部美劇，先培養對英語的興趣，看看外國人是怎麼生活、怎麼思考的。假如你對他們的生活產生了興趣，假如你想和他們交朋友，你不得學兩句口語嗎？如此一來你就有了學習的目標，而不是一上來就去做枯燥的題目，那樣你是無法從中找到學習的樂趣的。就算你只是做枯燥的題目，也應該做一段時間後把學到的知識講出來，或者獎勵自己去做一下自己想做的事情，讓自己開心起來。總之，千萬別把自己放到枯燥和乏味的學習中，這樣只會讓你厭煩學習，無法學好。

思考題

假設你正在做一件非常枯燥，但是又能讓你成長的事情，你有什麼辦法讓自己擁有一些及時反饋？

27

棉花糖實驗：決定你成就的是天性還是環境？

我今天從一個實驗開始講起，一邊講，一邊把這個實驗背後的邏輯分享給你。這個實驗叫作**棉花糖實驗**，也叫**延遲滿足實驗**，我相信很多人都聽說過。

棉花糖實驗是史丹佛大學的一位心理學家提出來的。他招募了幾百名四歲的小孩子，讓他們待在一個房間裡。房間中放著一張桌子，孩子們就圍在這個桌子周圍，面前各有一塊棉花糖。研究人員告訴孩子們，自己要離開15分鐘，等自己回來的時候，那些沒有吃掉棉花糖的孩子可以多獲得一塊棉花糖，但如果你把這塊棉花糖吃掉了，那麼就不能獲得另一塊了。在實驗人員再三確認孩子們知道這個實驗的規則之後，他們就離開了，留在孩子面前的除了棉花糖，還有一台隱藏的攝像機。有的孩子忍住了，有些孩子沒忍住。有些孩子大快朵頤，有些孩子痛不欲生地忍耐著，他們忍耐的時間也長短不一。有意思的是，十幾年之後，當這群孩子上了高中，實驗人員回訪了當初參與實驗的家庭，得出了一個結論：那些擅長等待，願意延遲滿足的孩子，如今各方面都表現得更為優秀。而不擅長等待的孩子，成績和行為表現都比較差。最後心理學家得出了一個結論：能夠延遲滿足的孩子能獲得更好的未來。孩子的自控力和延遲滿足有關，越能堅持延遲滿足的孩子，其自控力就越好，同時未來也更容易成功。

但是，一個孩子的未來真的只和能否堅持延遲滿足有關嗎？如果你深入去看，就會發現延遲滿足雖然反人性，但它背後需要的條件其實很多。因為對於孩子來說，並不是他天生的習慣讓他可以或者無法做到延遲滿足，而他所在的環境，包括他的家庭資源、所受的學校教育等，都和他能否做到延遲滿足息息相關。

紐約大學和加州大學的研究者再次找來了900名研究對象，這一次他們把研究對象的家庭收入、父母的學歷、文化背景等都記錄了下來，然後重複了棉花糖實驗。這次實驗的結果，讓他們得出這樣的結論：孩子延遲滿足的能力很大程度上和家庭條件相關。換句話說，延遲滿足的能力並不是他們的基因和主觀意識決定的，他們之所以可以「反人性」，是因為家庭條件所帶給他們的自控力，這樣的自控力才是影響他們未來表現的原因。在實驗中，研究者們發現，家庭條件相對好的孩子，他們經常可以看到、吃到棉花糖，所以他們更能延遲滿足。因為他們覺得吃不吃一塊棉花糖並不重要，你不讓我吃我就不吃，糖對他們的誘惑力並不大，他們反而想看看自己控制住之後會是什麼結果。但對於經濟條件較為窘迫的家庭中的孩子來說，棉花糖並不常見。當一塊難得的、好吃的棉花糖擺在自己面前時，他們覺得最好的選擇就是「今朝有酒今朝醉」，先把糖吃到嘴裡才是最實惠的，而他們的這種想法符合人性的底層邏輯。

這個補充實驗給了我很多啟發：**原來一個人必須先要物質豐富，才能做到意志堅定**。我們不能總是怪孩子的意志不夠堅定，我們更應該去分析他的家庭條件、環境資源給他帶來的認知水準。在棉花糖實驗中，那個堅持最久的女孩叫蘇珊，後來有人跟訪了她的家庭。她後來的成就很高，是一家網路公司的CEO，甚至有人把她稱為「Google之母」。她極其有耐心，邏輯能力很強，仔細瞭解她的家庭背景後我們發現：她的母親是矽谷的一位中學老師，還獨創了一套教育方法；她的父親也是中產以上階層的人；他們還有兩個女兒，一個在大學任職教授，另外一個也是某公司的CEO。換句話說，在首次棉花糖實驗中，我們過分強調了意志，而忽略了家庭條件。

其實這也是人性的底層邏輯，人在飢餓的時候會接受不愛吃的食物，人在寂寞的時候也可能會接受不愛的人，這就是為什麼人們說「飢不擇食，慌不擇路」。所以，千萬別把自己和孩子逼迫到資源稀缺的狀態，這樣你或者你的孩子就會拿起那塊棉花糖，因為這是人性，而不是人品。

我之所以詳細地和你分享這個棉花糖實驗，並不是想要告訴你延遲滿足不重要，而是想要告訴你延遲滿足是怎麼來的——除了意志力，還有環境的影響。

但假設你並不是生活在一個富裕的家庭中，那麼你應該怎麼做呢？我的建議是，請你一定要相信延遲滿足的重要性。雖然你身邊可能沒有哪個人通過延遲滿足創造了一些偉大的成就，但是延遲滿足在你堅持做一件事情的過程中是真正有用的。比如你太想吃甜食了，可你願意忍住不吃，那麼之後你就會發現你的皮膚越來越好，你的身材也越來越好。再比如你每天早上去晨跑，雖然過程很痛苦，但是堅持了一個月之後，你也會發現自己的身體狀況有了很好的轉變。這些都是延遲滿足帶來的結果，你的持續付出，終將在一段時間之後，給你帶來令人驚喜的回報。

延遲滿足的邏輯是看向遠方，而不是只盯著現在。如果一個人只看著現在，他必然短視，也不能成就一番偉業，因此請你一定要相信未來的力量。

對此，我也整理了以下幾條思考：

第一，你可以想想看，你現在正在做的這件事情在未來是升值還是貶值的，是滋養你還是消耗你的？假設到了五年、十年之後，你現在做的事情是會給你加分還是減分？很多職業，像教授、醫生、老師、作家，隨著經驗的不斷積累，在未來是會「升值」的。也有一些是消耗你的職業，比如某些需要每天超時的工作。為別人打工，現在可能拿到比較高的工資，可是身體真的能扛得住嗎？所以我們也要為未來做打算。

第二，延遲滿足的前提是這個孩子曾被充分滿足過。我第一次跟家人去杜拜旅行的時候，我根本就沒有拍照，他們問我為什麼不留下紀念？我說我肯定還要來第二次。因為那時我已經有了足夠的經濟實力和時間，如果我想去一個地方，想什麼時候去就能夠什麼時候去，我並不覺得這樣的旅行有多稀奇。就像那個棉花糖實驗，如果我上午剛吃過一塊棉花糖，那麼面對桌子上的那塊棉花糖時，我肯定能在15分鐘之內不吃它，因為我知道如果我不吃就還能有第二塊。但如果我從來沒有吃過棉花糖，我就必須把那塊棉花糖一口吃掉，因為我哪知道以後還能不能吃到呢？所以一個人之所以能夠抵抗住誘惑，並不一定是他天生意志力有多強，而是他擁有過這種誘惑，已經無法被誘惑到。

這讓我想起一位作家所說的一句話：**「你只有見到過地獄才能擺脫地獄，擁有過誘惑才能抵制誘惑。」**這才是人性的底層邏輯。

回到家庭教育問題上。在你的孩子兩歲之前，請你一定盡量滿足他的需求。因為那時他們的需求都是即時的，餓了就需要食物，睏了就需要立刻睡覺，害怕了就需要大人擁抱自己。當他們的這些即時的需要被充分滿足後，他們才能建立起滿滿的安全感和對大人、對外部環境、對世界的信任感。一個兩歲的孩子對世界是充滿懷疑、沒有安全感的，他想牢牢抓住一切，因為他不確定下一刻這個東西是不是還屬於他。所以當你讓這個孩子去參與棉花糖實驗，他很可能是無法堅持到最後的。除非你給了他足夠的安全感，讓他知道他想要的一切還會有機會得到，這樣他才有可能堅持下來。

第三，要讓自己和別人明白，等待是有意義的。很多人不願意等待，是因為他們覺得等待沒有意義。很多人不願意學習，是因為他們覺得學習沒有意義。很多人不願意讀書，是因為他們身邊沒有一個人通過讀書完成了階層的躍遷。如果一個孩子能為了寫作業而不去看電視，這並不是因為他不知道電視有多好看，而是因為他知道學習更重要，他知道自己未來只有學習好，別人才會對他刮目相看，他知道這麼做是有價值的。

我見過一個真實的案例，有一個男孩，他的父親對他承諾，只要這次考試他能考進全班前十名，他的父親就帶他出去玩。後來他考進了班級前十名，但父親因為工作忙沒有兌現對他的承諾。在男孩的心中延遲滿足被解讀成沒有意義，後來他再也沒有好好學習過。我為那個孩子感到心疼，也為這個家長感到遺憾，因為他忘了讓一個孩子保持對延遲滿足的信任感是多麼重要。所以，千萬不要辜負一個孩子對你的信任。

當一個孩子開始慢慢理解延遲滿足的意義時，他可能就不再需要別人給他提供一些獎勵了。隨著年齡的增長，他會慢慢明白望著遠方才能走得更遠，他會逐漸明白自己的生活要自己作主，現在所做的一切都是為了有一個更好的未來。

所以，我們始終要明白，**順著人性可以成事，但逆著人性才可以成長。**

思考題

你有沒有遇到延遲滿足也無法解決的問題呢？

28

人種歧視實驗：怎麼讓孩子變成好學生？

我不知道你有沒有過這樣的經歷，因為一位老師對你的特殊關照，你開始愛上他教授的那門學科。這個經歷我有。

我小時候特別討厭語文和英語，很難想像，我現在竟然是靠語文和英語活著。我之所以喜歡上了英語，源於我在初三時遇到的一位英語老師，她上課時很喜歡點我回答問題，還總是對我說：「你的發音還不錯，要繼續練習。」之後我就喜歡上了英語。

同樣的，在我初二那一年，我的數學考試得了全校第一名。當時我還參加了一個叫「希望盃」的數學比賽，儘管那個比賽很難，但我還是拿了第一名，原因也很簡單，因為我的數學老師鼓勵我去參加。就這樣，我不僅參加了，還通過努力拿到了第一名。後來我發現好多人都是因為某一位老師而愛上了一門學科，當然也會有人因為一位老師而痛恨一門學科。這是為什麼？是因為當老師用看待好學生的眼光來看你時，你會自然而然地希望自己成為一個好學生；而當老師覺得你是一個差學生時，你也會潛移默化地被他影響，覺得自己天生學不好這門課。

這種現象其實也是受到了人性的影響。

當你被人用信任與期待的眼光看待時，你就不容易墮落，因為自尊，所以你會希望自己對得起這個眼神和這份看重。但當所有人都謾罵你、唾棄你，你自然容易自暴自棄，因為你覺得無論怎樣做都不可能得到大家的認可，於是容易產生「那我乾脆什麼都不做好了」的想法。曾經有個家長問過我一個問題：「孩子在學習方面真是一塌糊塗，我到底要怎樣做才能讓孩子的學習成績好起來呢？」我的答案只有一句話：「把他當作好學生去看、去培養，不要打擊他，而是去表揚他，他會慢慢讓自己配得上這份表揚。」

還是跟你分享兩個關於人性的實驗：

第一個實驗是一位叫艾略特的老師在美國愛荷華州組織的一群三年級學生所做的實驗。這個實驗非常殘酷，以至於我在看完之後感到有些毛骨悚然。這個老師問一群三年級的學生，讓他們說一下自己對黑人的看法。因為在此之前，馬丁·路德·金恩剛剛遭到暗殺。

在一個幾乎都是白人的小鎮上，艾略特為了讓孩子們瞭解歧視是多麼可怕，他把班上的同學分成兩派，藍色眼睛的和褐色眼睛的，並且讓藍色眼睛的學生在褐色眼睛的學生脖子上綁上一條咖啡色的領巾。別小看這條領巾，因為這代表著一種特殊標記。如果你還可以通過閉眼或者瞇眼來隱藏自己眼睛的顏色，那麼這條領巾就把你的特殊性，把另一個群體對你的歧視，赤裸裸地呈現出來了。接著，他對班上的同學們說：「我發現藍色眼睛的同學很聰明，所以你們可以享受一些特權，比如午休多睡一個小時，多吃一些食物，某些遊戲只有你們可以玩。而褐色眼睛的小夥伴，因為你們不好，你們太笨了，所以你們的待遇比較差：在藍眼睛的同學玩的時候你們要待在一邊；你們的午休時間短一點，吃的也差一點；如果做錯了事情，你們還要受到雙倍的懲罰。」

艾略特這個實驗的邏輯就是把兩組孩子分開，讓藍色眼睛的孩子變得高人一等，讓褐色眼睛的孩子變得低人一等。接下來，只要藍色眼睛的學生做事，他都誇獎；而無論褐色眼睛的學生做什麼事，他都會挑出瑕疵並嚴厲批評。就這樣，一堂課才上了50分鐘，實驗已經開始變質，這些孩子之間很快出現了歧視的行為。藍色眼睛的孩子開始嘲笑甚至戲弄和打擊褐色眼睛的孩子。更神奇的是，艾略特發現，藍色眼睛的孩子越來越自信了，而且他們的反應速度、學習效率等都遠遠高於褐色眼睛的學生。為什麼？因為當一群孩子被優待時，他們自然覺得自己天生值得被優待，他們要付出努力維持這種優待。如此一來，藍色眼睛的孩子更加自信，而褐色眼睛的孩子更加自卑。甚至很多褐色眼睛的孩子回到家後還深陷在沮喪的情緒中。父母問他們發生了什麼？他們只是拚命地搖頭。

在第二天的實驗中，艾略特把實驗規則反了過來，他告訴學生們自己之前搞錯了，其實應該是褐色眼睛的孩子比較優秀。艾略特說：「你們把領巾給藍色眼睛的孩子吧。」因為這個實驗全程錄影，我後來看這個實驗的視頻時發現，當領巾被換給藍色眼睛的孩子時，藍色眼睛的孩子瞬間害怕了起來，而褐色眼睛的孩子竟然露出了笑容。估計他們是在想：「你們也有今天。」在後續的實驗中，褐色眼睛的孩子雖然表現得很自傲，但他們因為之前體驗過被歧視的痛苦，所以產生了一些同理心，過分的言語反而減少了一些。同樣很快地，褐色眼睛的孩子的學習成績變得越來越好。我想你現在應該能猜出出現這種情況的原因了，就是褐色眼睛的孩子也想要通過努力配得上他們獲得的優待。

當你開始不停地誇一個孩子時，這個孩子會想盡一切辦法來證明你對他的誇獎是對的。就像如果你周圍的人都覺得你是個很厲害、很優秀，甚至很強大的人，你是不是就會想盡一切辦法維持別人對你的這個評價，以免讓他們失望呢？因為人天生就希望自己可以超越過去的自卑。所以當你把孩子當成好學生來看待時，他自然擁有了超越自卑的勇氣，之後真的成為好學生。

2006年，加拿大的一名記者也效仿艾略特的實驗，他跟一位小學老師合作，錄製了一支紀錄片。他把學生分成了高個子和矮個子兩組，然後告訴他們：「有非常全面且詳細的實驗表明，矮個子的人比較優秀，可以享有特權。」和之前艾略特的實驗一樣，到了第二天，他又告訴學生們：「我搞錯了，高個子的人才是優秀的，才享有特權。」最後這個實驗所得出的結論，和之前艾略特所做的實驗的結論是一模一樣的。

所以，**怎麼讓自己的孩子成為好孩子呢？答案很簡單，就是你要從內心深處認為他是優秀的、有潛力的。給他足夠的愛，不吝嗇地去表揚他，這樣他自然能慢慢變成好孩子。**

這並不是玄學，也不是所謂的吸引力法則，而是順著人性行事的結果。

思考題

你覺得信任和期待能否讓孩子成為好孩子？你曾經試過或願意嘗試嗎？

29

溝通話術：怎麼讓別人信任你？

在這一節中，我繼續來跟你分享如何利用人性成事。在上一節中，我說到當一個孩子受到重視，受到他人的認可時，他會想盡一切辦法證明自己真的這樣優秀。這種成事邏輯表現在溝通上，就叫「非你不可」，比如你要請一個人吃飯，他不去，這個時候你應該加一句：「唉，你要是不來的話，這個局做不起來，我們這麼多人都在等你呢。」這就是「非你不可」的溝通方式。很多能成事的人並不是有多厲害，而是他會順應人性來做事。下面我就分享幾種順應人性交朋友的方式。

為什麼有些人跟任何人交朋友的速度都非常快？為什麼很多人能很快交到「走心」的朋友？就是因為他們會使用這一招——「非你不可」。

每個人都希望被獨特對待，當你沒有被獨特對待時，你要想辦法獨特對待別人，怎麼獨特對待別人呢？我給大家分享四個重要的辦法，這四個辦法無論在商業中，還是在家庭關係中都很實用，也能幫助你交上朋友。

第一，記住他人的特別性。什麼叫作特別性？記住名字是第一步，也是最基礎的一步。在團隊合作中，我們只要花5分鐘互相介紹一下彼此的名字，接下來的合作就會有效很多。因為每個人都有希望被人記住的需要，當這種需要被滿足時，他們就會更配合。我見過一個朋友，他每次接觸一個新朋友時都會問：「你的生日是什麼時候啊？」然後就在微信上標註對方的生日，以至於跟他聊天、見面時，會聽到他說：「你的生日快到了。」有一次他跟我說：「我記得你的生日快到了吧。」我很驚訝地說：「你的記憶力這麼好嗎？」他說：「因為我給你的微信標籤上備註了你的生日，所以我能隨時看到。」那一刻。我感覺到自己被深深地尊重了。所以，有時候你不妨在你的微信上標註一下某個人的特殊性，比如他的孩子在哪兒上學，他的老婆老家在哪兒，他的公司是一個什麼樣規模的企業。記住對方的特殊性，能瞬間拉近你和對方的距離。

第二，永遠保持友善的微笑。我曾經在跟陌生人交流時，聽到他們說：「跟你聊天很舒服，你都沒什麼架子。」我問他們為什麼？他們的意思都是說：「因為你臉上總是會有微笑。哪怕你講一個嚴肅而深刻的話題，你都會很快給我一個微笑。」於是我才明白，微笑是人和人之間最好的黏合劑。

有一次，我跟一家媒體合作，這家媒體的女窗口很明顯剛剛進入這個行業。我跟她講話時，她一臉嚴肅，連我跟她講一個笑話，她都只是面無表情地看著我，把我都給弄得緊張了。很快，我內心深處跟她產生了深深的隔閡，因為我認為她可能不喜歡我。可是沒過多久，我突然意識到，她並不是不喜歡我，而是太緊張、太害怕了。這種緊張和害怕讓她覺得笑好像不合時宜，於是只能表情嚴肅，而這讓我誤以為她討厭我，於是我也不願意繼續跟她聊下去了。

在工作中，一次兩次這樣的表現可能影響並不大，但如果她與陌生人溝通時一直這樣，那實在不利於工作的開展。所以，如果你想讓更多人把你當成好朋友，那麼請你記得保持微笑。

為什麼我們喜歡看脫口秀？為什麼我們喜歡看相聲小品？因為笑的時候，人是解壓的，只有在沒有壓力可以放心大膽笑的地方，人才會徹徹底底地把內心表現出來。所以你發現這世界上有很多優秀的商人，他們都很會笑，甚至他們在私下跟你交流的時候，臉上都帶著一種淡淡的微笑。微笑是拉近你們之間距離最好的方法。這也是人性的奧秘。

第三，多聽少說。一個真正聰明的人，一個會利用人性成事的人，不會在任何一個場合中都滔滔不絕地講。當你只顧著滔滔不絕地講話時，你聽到的資訊就越來越少，你就會越來越無知。原因是你只是在不停地重複你已知的東西，而忘了人需要更多的輸入才可能有更好的輸出。所以，當你在面對很多人或並不清楚對方的身分、能力時，最好的應對方式就是「三年學說話，一生學閉嘴」，多聽少說。我見過一個剛失戀的男生，他跟我滔滔不絕地講了四個小時，在咖啡廳裡一邊講一邊哭，結束後對我說了一句「跟你聊天真好」，但實際上，在整個過程中我幾乎沒有說話，全部都是在聽他說。他說跟我聊天太高興了，我心想其實我什麼也沒說啊。但就是這麼簡單的傾聽，把我跟他之間的距離瞬間拉近了。

第四，要學會對別人的事情感興趣。我知道這世界上有很多東西你並不感興趣，比如我其實對高爾夫球、馬術都沒有興趣，甚至覺得很無聊。但是每次我的合作方講到怎麼打高爾夫球時，我都會對他說：「哇，好厲害，你再講講唄。」這樣的話說多了，他們會覺得我真的感興趣，然後開始跟我講更多的東西，我們的關係一下子就拉近了。殊不知我並非對此感興趣，只是我已經熟悉了人性的弱點。因為我知道一個聰明的人，應該喜怒不形於色。

有一些上了年紀的人特別愛講話，如果你瞭解人性，你就知道，他無非是想表達自己曾經完成過的「壯舉」。他希望自己的獨特經歷被更多的人看到，他想要去吹噓一下自己的青春沒有白過。

那麼我是怎麼跟他們交流的呢？答案也是一句話：學會對他們說的話感興趣。所以我的身邊有很多年紀比較大的朋友，**因為我有一招特別厲害的溝通話術，叫「一路走來」**。跟任何人聊天，只要你對他說「您這一路走來真不容易，您是怎麼走到今天的」，這時他就會滔滔不絕地講起來。當他滔滔不絕地說話時，你只要做出「嗯，您真厲害」這樣的回應，就會發現你跟他的關係一下子就拉近了。

我想這也就是我跟我的讀者關係都不錯的原因。因為你們聽我滔滔不絕地講到了這兒，還沒有放棄去聽我說，我真的很感謝你們。你看，其實我也掉入了自己設計的心理學陷阱，這就是人性的奧秘。

思考題

你在和別人聊天時，是擅長說還是擅長聽呢？

30

掌控人性：用反人性的方式去成長

這本書的內容到這裡就要接近尾聲了，我相信你已經收穫了很多啟發。無論你對哪句話、哪個實驗、哪篇文章，或者哪個觀點有所感悟，我都知道，你可能已經對人性有了更多的瞭解。

從某個角度來說，人多多少少都有貪小便宜的心理，有時候甚至還有點自私、虛榮、恐懼、愛聽好話，這些都是人的天性。當然，人性裡更多的是善良的部分。無論如何，你要瞭解人性才能掌控人性。

我在2020年創業時遇到了好幾個低谷期，其中一個低谷就是融資遲遲不到位，那個時候我的員工和合作夥伴們都人心惶惶。其間，我為了填平窟窿到處去拉投資，但還是沒能解決這個難題。終於有一次，我扛不住了，決定找人借錢。當時我想到的第一個人就是曾經向我借錢的一位朋友，在他生活窘迫的時候我曾經借給他三十萬元。但我剛開口向他借錢時，他卻說：「如果你只是借個幾千塊，我現在就可以打給你，多的我也沒有。」我什麼也沒說，因為我知道，他只是不願意借給我而已，前段時間他生意做得很好，手頭不會沒有錢的。於是我對人性有了更深刻的理解：人們總是不願意雪中送炭，只願意錦上添花。

於是，在接下來的日子裡，我頻繁發朋友圈。一會兒曬我跟大佬們的合照，一會兒曬我直播達到多少銷售額的戰報；一會兒曬我的新書計畫，一會兒又曬我今天喝的茅台酒。但其實，這些照片都是以前的「庫存」。我已經連續好幾天都只能吃泡麵了。

但有趣的事情發生了，沒過多久，那個朋友給我打了一個電話，說他湊夠了幾十萬可以借給我，還讓我別著急，資金肯定沒問題的。那幾天，我明顯感覺到我的勢能回來了，有人來給我投資，有人來找我合作。也就是那段時間，我們公司拿到了兩個王牌項目，我的現金流一下子就有了。

你看，我沒有抱怨指責，也沒有痛斥人性之惡，我只是利用了人性，就從低谷中走了出來。對於人性你需要看透它，需要學會自己給自己指路。

所以，不要輕言人性善惡，也不要執著於人性的對錯，你要做的是去學習人性，懂得人性，遵循人性的規律，利用人性以成大事。

順著人性成事，逆著人性成長。人雖然在變化，但人性其實從來沒有變過。比如，人永遠是懶惰的，永遠感覺走不如站，站不如坐，坐不如躺，躺不如睡。看看我們，多少人一閒下來，就只想著刷刷短視頻、追追劇、打打遊戲，喜歡看書的都是少數，我們不喜歡複雜的事物，不願意學習，也不想成長。

但厲害的人，他們會逆著人性去努力，從而讓自己變得不一樣。我見過的大多數人每年都一樣，從他二十歲時的模樣，就能看到他八十歲時的狀態。但只有極少數的人，能像橡皮泥一樣，每年都不一樣，甚至每一天都在更新。這樣的人，才是我們希望成為的。

謝謝你喜歡這本書，願你每天都有成長！

思考題

讀完這本書後，你獲得的最大的啟發是什麼呢？

人性博弈/李尚龍著. -- 初版. -- 臺北市：春天出版國際文化有限公司, 2025.04
面 ； 公分. -- (Progress ; 41)
ISBN 978-626-7637-42-5(平裝)

1.CST: 成功法

177.2 114001092

人性博弈

Progress 41

作　　者◎李尚龍
總 編 輯◎莊宜勳
主　　編◎鍾靈
出 版 者◎春天出版國際文化有限公司
地　　址◎台北市大安區忠孝東路4段303號4樓之1
電　　話◎02-7733-4070
傳　　真◎02-7733-4069
E－mail◎frank.spring@msa.hinet.net
網　　址◎http://www.bookspring.com.tw
部 落 格◎http://blog.pixnet.net/bookspring
郵政帳號◎19705538
戶　　名◎春天出版國際文化有限公司
法律顧問◎蕭顯忠律師事務所
出版日期◎二〇二五年四月初版
定　　價◎420元

總 經 銷◎楨德圖書事業有限公司
地　　址◎新北市新店區中興路2段196號8樓
電　　話◎02-8919-3186
傳　　真◎02-8914-5524
香港總代理◎一代匯集
地　　址◎九龍旺角塘尾道64號 龍駒企業大廈10 B&D室
電　　話◎852-2783-8102
傳　　真◎852-2396-0050

ISBN 978-626-7637-42-5
Printed in Taiwan